Langsaam Kook 2023

Ontdek die Kunst van Slow Cooking met 100+ Resepte

Jeanette Buthelezi

INHOUDSOPGAWE

Eierslaai 10

Ouma se Kaassop 12

Kaasagtige Pittige Eiers 14

Hartige eiervla 16

Indiese styl eiermuffins 18

Peper en eier "toebroodjie" 19

Kaas, Wors en Groente Bak 21

Avokado, bokkaas en eiermuffins 23

Avokadobote - Pittig en Gevul 25

Cheesy Beer Dip 27

Gesonde Ontbyt Wraps 29

Keto Cheesy Pizza 30

Peperige Habanero-eiers 32

Eierslaai met mosterdsaadsous 34

Eierslaaibak 36

Kasserol met aspersies en kaas 38

Fees Ontbyt Eiers 40

Groen Dip Met Kaas En Mosterd 41

Kaasblomkooldip 42

Die beste keto ontbyt 44

Lekker Keto Wraps	46
Wors en tamatiebredie	48
Bredie van roosmarynbeesvleis en pastinaak	49
Italiaanse Hoender en Spinasiebredie	50
Hoender en okrabredie	51
Bredie van ertjies en kalkoen	53
Bredie van Turkye en Spruitjies	55
Bredie van lam en soetrissies	57
Kaneel Varkbredie	58
Pesto Varkbredie	59
Bredie van beesvleis en raap	60
Oregano lam en tamatiebredie	61
Chili Beesbredie	62
Kale suurlemoen en hoenderbredie	63
Gesmoorde Dragon Beef	64
Spek- en spinasiebredie	65
Garnale en Kabeljoubredie	66
Bredie van groenbone en hoender	67
Borrie Quinoa en Hoenderbredie	68
Ligte middagete sop	70
Noord-Amerikaanse groentesop	72
Bolognese sop	74
Ham en Aspersiesop	76
Nog 'n bruidssop	78

Osstertsop	80
Taco sop	82
Minestrone sop	84
Klapper Tamatiesop	86
Romerige hoendersop	88
Ham en boontjiesop	90
Hoender sampioen sop	92
Hoenderkoolsop	94
Italiaanse worsboetkoolsop	96
Kekerertjiesop met groente	98
Kaas frikkadellesop	100
Clam Chowder	103
Wors Spek en Sampioen Chowder	105
Turkye en Daikon Chowder	107
Vark en groente sous resep	109
Hoenderaftreksel resep	111
Fantastiese piesangnagereg	113
Rabarbernagereg	114
Pruim Verrukking	115
Verfrissende Vrugtegereg	116
Nageregbredie	117
Oorspronklike vrugtenagereg	118
Heerlike appels en kaneel	119
Mal Lekker Poeding	120

Heerlike Bessiepoeding 122

Wintervrugte-nagereg 124

Ander nagereg 125

Oranje Nagereg 126

Heerlike pampoennagereg 128

Heerlike gebakte appels 130

Vogtige pampoenbruintjie 132

Suurlemoenvla 134

Pampoenpoeding 136

Maklike jogurtvla 138

Courgettepoeding 140

Heerlike Pina Colada 141

Appel Karamel Koek 142

Appel Ryspoeding 143

Vegan Kokos Risotto Poeding 144

Vanielje Avokadopoeding 145

Vanielje Amandel Risotto 147

Klapper-framboosmelk 148

Eenvoudige sjokolademousse 150

Die beste tropiese nagereg ooit 152

Room met amandel en sjokolade 154

Kaneelvlaai 156

Lekker onderstebo koek 158

Buitengewone Sjokolade Kaaskoek 159

Ou Skool Kaaskoek	161
Soetsuur koek	164
Lui Sondagkoek	166
Keto Sjokolade Brownies	168
Soetpap met 'n kinkel	170
Kaaskoek Tropicana	171
Klassieke vakansievla	173
Blackberry Espresso Brownies	175
Soetpap Met Bloubessies	177
Vanieljebessie kolwyntjies	179
Mini Kaaskoekies Met Bessies	181
Spesiale Berry Crisp met kaneel	183
Lekker vuur kaaskoek	185
Klassieke Wortelkoek	187
Klassieke Brownie met Blackberry Goat Cheese Swirl	189
Spesiale verjaardagkoek	192
Vakansie Bloubessiepoeding	194
Lug aarbeitert	196
sjokolade kaaskoek	199
Framboos kompote	201
Sjokolade Room	203
Botter Pannekoeke	205
Suurlemoen Kolwyntjies Met Bloubessies	207
Sjokolade brownies	209

Perskepastei 211
Amandel botter koekies 213
Mini Brownie Pasteie 215

Eierslaai

Voorbereidingstyd: 30 minute

gedeeltes 4

Voedingswaardes per porsie: 342 kalorieë; 29,2g vet; 3,2 g totale koolhidrate; 12,7 g proteïen; 1,6 g suikers

Bestanddele

- 6 eiers
- 1/2 pond groenbone, afgewerk
- 1 koppie water
- 3 snye prosciutto, fyn gekap
- 1/2 koppie groen uie, gekap
- 1 wortel, gerasper
- 1/2 koppie mayonnaise
- 1 eetlepel appelasyn
- 1 teelepel geel mosterd

- 4 eetlepels Gorgonzola kaas, verkruimeld

Aanwysings

1. Gooi die water in die Kitspot; voeg 'n stoommandjie by die bodem. Rangskik die eiers in 'n stoommandjie.
2. Maak die deksel vas. Kies "Handmatige" modus en Hoë druk; Kook vir 5 minute. Sodra kook klaar is, gebruik 'n natuurlike drukverligting; verwyder die deksel versigtig.

3. Laat die eiers vir 15 minute afkoel. Skil die eiers en sny dit in skywe.
4. Voeg dan groenbone en 1 koppie water by jou kitspot.
5. Maak die deksel vas. Kies "Handmatige" modus en Lae druk; Kook vir 5 minute. Sodra kook klaar is, gebruik 'n vinnige drukvrystelling; verwyder die deksel versigtig.
6. Plaas groenbone oor na 'n slaaibak. Voeg prosciutto, groen uie, wortel, mayonnaise, asyn en mosterd by. Top met gorgonzola-kaas en gesnyde eiers. Lekker!

Ouma se Kaassop

Voorbereidingstyd: 25 minute

gedeeltes 4

Voedingswaardes per porsie: 530 kalorieë; 37,6g vet; 4,2 g totale koolhidrate; 43.1g proteïen; 1,9 g suikers

Bestanddele

- 2 eetlepels botter, gesmelt
- 1/2 koppie prei, fyn gekap
- 2 hoenderborsies, skoongemaak en in happiegrootte stukke gesny
- 1 wortel, in skywe gesny
- 1 selderystingel, gekap
- 1/2 tl gegranuleerde knoffel
- 1 teelepel basiliekruid
- 1/2 teelepel origanum
- 1/2 teelepel dillekruid
- 4½ koppies groente-aftreksel
- 3 onse swaar room
- 3/4 koppie Cheddarkaas, gerasper
- 1 eetlepel vars pietersielie, grof gekap

Aanwysings

1. Druk die "Sauté"-knoppie om jou kitspot op te warm. Smelt nou die botter en kook die prei tot sag en geurig.

2. Voeg die hoender, wortel, seldery, knoffel, basiliekruid, origanum, dille en aftreksel by.

3. Maak die deksel vas. Kies "Handmatige" modus en Hoë druk; kook 17 minute. Sodra kook klaar is, gebruik 'n natuurlike drukverligting; verwyder die deksel versigtig.

4. Voeg room en kaas by, roer en druk nog een keer die "Sauté"-knoppie. Kook nou die sop nog 'n paar minute of tot dit deurwarm is.

5. Bedien in individuele bakkies, versier met vars pietersielie. Geniet jou ete!

Kaasagtige Pittige Eiers

Voorbereidingstyd: 25 minute

gedeeltes 4

Voedingswaardes per porsie: 264 kalorieë; 21,1g vet; 6 g totale koolhidrate; 11,7 g proteïen; 3,8 g suikers

Bestanddele

- 6 eiers
- 1 teelepel canola-olie
- 1 ui, gekap
- 2 soetrissies, gedreineer en fyn gekap
- Gegeurde sout en varsgemaalde swartpeper, na smaak
- 1/4 koppie mayonnaise
- 1 teelepel mosterd
- 1 eetlepel vars suurlemoensap
- 4 eetlepels Colby kaas, gerasper
- 1 teelepel gerookte Hongaarse paprika

Aanwysings

1. Gooi die water in die Kitspot; voeg 'n stoommandjie by die bodem.
2. Rangskik die eiers in 'n stoommandjie as jy een het.
3. Maak die deksel vas. Kies "Handmatige" modus en Hoë druk; Kook vir 5 minute. Sodra kook klaar is, gebruik 'n

natuurlike drukverligting; verwyder die deksel versigtig.

4. Laat die eiers vir 15 minute afkoel. Skil die eiers en skei die witte van die gele.
5. Druk die "Sauté"-knoppie om jou Kitspot warm te maak; Verhit die olie. Braai nou die ui saam met die soetrissies tot sag. Geur met sout en peper.
6. Voeg die gereserveerde eiergele by die pepermengsel. Roer die mayo, mosterd en suurlemoensap by. Vul nou die eierwitte met hierdie mengsel.
7. Sprinkel gerasperde Colby-kaas oor en rangskik die eiers op 'n opdienbord. Sprinkel dan Hongaarse paprika oor die eiers en bedien.

Hartige eiervla

Voorbereidingstyd: 15 minute

gedeeltes 3

Voedingswaardes per porsie: 234 kalorieë; 16,8g vet; 3,6 g totale koolhidrate; 16,4g proteïen; 1,8 g suikers

Bestanddele

- 3 eiers, goed geklits
- 1 koppie sous, verkieslik tuisgemaak
- Kosher sout en witpeper, na smaak
- 1 eetlepel tamari sous
- 1/2 eetlepel oestersous
- 1/2 koppie Comté kaas, gerasper

Aanwysings

1. Plaas die geklitste eiers in 'n mengbak. Voeg sous stadig en geleidelik by terwyl jy aanhoudend klits.
2. Geur met sout en papier. Gooi dan hierdie mengsel deur 'n sif. Voeg tamarisous en oestersous by.
3. Gooi die mengsel in drie bakkies. Bedek nou die vormpies met 'n stuk foelie. Plaas die vormpies op die metaalonderzetter.
4. Maak die deksel vas. Kies "Handmatige" modus en Lae druk; kook 7 minute. Sodra kook klaar is, gebruik 'n natuurlike drukverligting; verwyder die deksel versigtig.
5. Strooi kaas oor en sit dadelik voor. Geniet jou ete!

Indiese styl eiermuffins

Voorbereidingstyd: 10 minute

gedeeltes 5

Voedingswaardes per porsie: 202 kalorieë; 13,7 g vet; 4,7 g totale koolhidrate; 15,4g proteïen; 2,6 g suikers

Bestanddele

- 5 eiers
- Gegeurde sout en gemaalde swartpeper, na smaak
- 2 groen brandrissies, fyn gekap
- 5 eetlepels fetakaas, verkruimeld
- 1/2 eetlepel Chaat masala poeier
- 1 eetlepel vars koljander, fyn gekap

Aanwysings

1. Begin deur 1 koppie water en 'n stoommandjie by jou Instant Pot te voeg.
2. Meng al die bestanddele saam; Skep dan die eier/kaasmengsel in silikoonmuffinvormpies.
3. Laat sak dan jou muffinpanne op die stoommandjie.
4. Maak die deksel vas. Kies "Handmatige" modus en Hoë druk; kook 7 minute. Sodra kook klaar is, gebruik 'n vinnige drukvrystelling; verwyder die deksel versigtig.
5. Laat jou muffins vir 'n paar minute sit voordat jy dit uit die koppies haal; bedien warm. Geniet jou ete!

Peper en eier "toebroodjie"

Voorbereidingstyd: 10 minute

gedeeltes 2

Voedingswaardes per porsie: 320 kalorieë; 25,5 g vet; 5,1 g totale koolhidrate; 15,7 g proteïen; 3,3 g suikers

Bestanddele

- 2 teelepels botter
- 5 eiers
- 4 eetlepels geklopte room
- Gekruide sout na smaak
- 1/3 teelepel rooipepervlokkies, fyngedruk
- 2 soetrissies
- 1/2 tamatie, in skywe gesny
- 1/2 komkommer, in skywe gesny

Aanwysings

1. Druk die "Sauté"-knoppie om jou kitspot op te warm. Verhit nou die botter.
2. Meng die eiers, room, sout en rooipeper goed. Roer met 'n houtlepel totdat die eiers sag is.
3. Sny nou die bo- en onderkant van elke soetrissie; verwyder sade en are. Sny dan elke soetrissie in die helfte.
4. Plaas die roereier, tamatie en komkommer tussen die twee stukke. Bedien en geniet!

Kaas, Wors en Groente Bak

Voorbereidingstyd: 25 minute

gedeeltes 4

Voedingswaardes per porsie: 344 kalorieë; 27,4g vet; 3 g totale koolhidrate; 20,3g proteïen; 1,3 g suikers

Bestanddele

- 8 snye varkwors, fyn gekap
- 1½ koppies sampioene, in skywe gesny
- 1 knoffelhuisie, fyngekap
- 1 koppie boerenkoolblare, in stukke geskeur
- 7 eiers
- 1/3 koppie melk
- 1 koppie Manchego kaas, gerasper
- Seesout en varsgemaalde swartpeper na smaak

Aanwysings

1. Druk die "Sauté"-knoppie om die kitspot op te warm. Kook nou die wors tot dit nie meer pienk is nie.
2. Voeg dan sampioene en knoffel by; hou aan kook tot geurig; skakel die Kitspot af; voeg boerenkool by en laat staan vir 5 minute.
3. Vee jou Instant Pot af met 'n klam lap. Voeg 1 koppie water en 'n metaalrak by. Sprinkel 'n oondbak wat in jou Kitspot pas.

4. Meng die eiers, melk, kaas, sout en swartpeper deeglik in 'n mengbak; voeg die wors/groentemengsel by die mengbak.

5. Skep die mengsel in die oondbak. Laat sak die oondbak op die rooster.

6. Maak die deksel vas. Kies "Handmatige" modus en Hoë druk; kook vir 15 minute. Sodra kook klaar is, gebruik 'n vinnige drukvrystelling; verwyder die deksel versigtig. Lekker!

Avokado, bokkaas en eiermuffins

Voorbereidingstyd: 15 minute

gedeeltes 6

Voedingswaardes per porsie: 227 kalorieë; 17,5 g vet; 4,3 g totale koolhidrate; 13,6 g proteïen; 1,3 g suikers

Bestanddele

- 6 heel eiers
- Gegeurde sout en varsgemaalde swartpeper
- 1/2 teelepel rooipeper
- 1/2 teelepel gedroogde dillekruid
- 2 eetlepels vars pietersielie, gekap
- 1 groot avokado, geskil, ontpit en in skywe gesny
- 1/2 koppie tamaties, gekap
- 5 onse bokkaas, verkrummel

Aanwysings

1. Begin deur 1 koppie water en 'n stoommandjie by jou Instant Pot te voeg.
2. Meng al die bestanddele saam; Skep dan die mengsel in silikoonmuffinvormpies.
3. Laat sak dan jou muffinpanne op die stoommandjie.
4. Maak die deksel vas. Kies "Handmatige" modus en Hoë druk; kook 7 minute. Sodra kook klaar is, gebruik 'n vinnige drukvrystelling; verwyder die deksel versigtig.
5. Laat hierdie muffins vir 5 tot 7 minute rus voordat jy dit uit die koppies haal; bedien warm. Geniet jou ete!

Avokadobote - Pittig en Gevul

Voorbereidingstyd: 10 minute

gedeeltes 2

Voedingswaardes per porsie: 281 kalorieë; 23,6g vet; 6 g totale koolhidrate; 10,1 g proteïen; 0,8 g suikers

Bestanddele

- 2 avokado's, ontpit en in die helfte gesny
- 4 eiers
- Sout en peper na smaak
- 4 eetlepels Cheddarkaas, vars gerasper
- 1 tl Sriracha sous

Aanwysings

1. Begin deur 1 koppie water en 'n stoommandjie by jou Instant Pot te voeg.
2. Voer die stoommandjie uit met 'n stuk aluminiumfoelie.
3. Skep nou van die vleis uit die avokado en hou dit eenkant vir 'n ander gebruik (jy kan byvoorbeeld guacamole maak. Plaas die avokadohelftes op jou stoommandjie.
4. Voeg 'n eier by elke avokadoholte. Geur met sout en peper. Sprinkel kaas oor en bedruip met Sriracha-sous.
5. Maak die deksel vas. Kies "Handmatige" modus en Hoë druk; kook vir 3 minute. Sodra kook klaar is, gebruik 'n natuurlike drukverligting; verwyder die deksel versigtig. Bedien warm en geniet!

Cheesy Beer Dip

Voorbereidingstyd: 10 minute

Gedeeltes 10

Voedingswaardes per porsie: 220 kalorieë; 14,9 g vet; 2,9 g totale koolhidrate; 18.1g proteïen; 1,7 g suikers

Bestanddele

- 16 ons Maaskaas, saggemaak
- 5 onse bokkaas, saggemaak
- 1/2 teelepel knoffelpoeier
- 1 teelepel klipgemaalde mosterd
- 1/2 koppie hoenderaftreksel, verkieslik tuisgemaak
- 1/2 koppie lagerbier
- 6 onse pancetta, gekap
- 1 koppie Monterey Jack kaas, gerasper
- 2 eetlepels vars grasuie, grof gekap

Aanwysings

1. Voeg maaskaas, bokkaas, knoffelpoeier, mosterd, hoenderaftreksel, bier en pancetta by die Kitspot.
2. Maak die deksel vas. Kies "Handmatige" modus en Hoë druk; kook vir 4 minute. Sodra kook klaar is, gebruik 'n vinnige drukvrystelling; verwyder die deksel versigtig.
3. Druk die "Sauté"-knoppie om jou kitspot op te warm. Voeg Monterey-Jack kaas by en roer tot deurwarm.
4. Sprinkel vars gekapte grasuie oor en sit voor. Geniet jou ete!

Gesonde Ontbyt Wraps

Voorbereidingstyd: 10 minute

gedeeltes 4

Voedingswaardes per porsie: 202 kalorieë; 13,7 g vet; 4,7 g totale koolhidrate; 15,4g proteïen; 2,6 g suikers

Bestanddele

- 4 eiers, geklits
- 1/3 koppie dubbelroom
- 2 onse mozzarellakaas, verkrummel
- 1/3 teelepel rooipepervlokkies, fyngedruk
- Sout, na smaak
- 8 losboomslaaiblare

Aanwysings

1. Begin deur 1 koppie water en 'n metaalrak by jou Instant Pot te voeg. Spuit 'n oondbak met kleefwerende kossproei.
2. Meng dan die eiers, room, kaas, rooipeper en sout deeglik. Skep hierdie kombinasie in die oondbak.
3. Maak die deksel vas. Kies "Handmatige" modus en Hoë druk; kook vir 3 minute. Sodra kook klaar is, gebruik 'n natuurlike drukverligting; verwyder die deksel versigtig.
4. Verdeel die eiermengsel tussen die slaaiblare, draai elke blaar toe en sit dadelik voor. Geniet jou ete!

Keto Cheesy Pizza

Voorbereidingstyd: 20 minute

gedeeltes 6

Voedingswaardes per porsie: 334 kalorieë; 25,1g vet; 5,9 g totale koolhidrate; 20,5 g proteïen; 2,8 g suikers

Bestanddele

- 1 eetlepel olyfolie
- 1 groot tamatie, gekap
- 6 onse pepperoni
- 1 geel ui, gekap
- 2 soetrissies, fyn gekap
- 1 koppie mozzarellakaas, in skywe gesny
- 1/2 koppie provolone kaas, in skywe gesny
- 3 eiers, geklits
- 1/2 teelepel gedroogde basiliekruid
- 1/2 teelepel gedroogde origanum
- 1/2 teelepel gedroogde roosmaryn
- 1/2 koppie Kalamata-olywe, ontpit en gehalveer

Aanwysings

1. Smeer die bodem en kante van jou Instant Pot met olyfolie. Plaas 1/2 van die gesnyde tamatie op die bodem.
2. Top dan met 3 onse pepperoni, 1/2 geel ui, 1 soetrissie, 1/2 koppie mozzarellakaas en 1/4 koppie provolonekaas.
3. Gaan voort met lae totdat die bestanddele opraak. Gooi die geklitste eiers in. Sprinkel dan kruie en olywe oor.
4. Maak die deksel vas. Kies "Handmatige" modus en Hoë druk; kook vir 15 minute. Sodra kook klaar is, gebruik 'n natuurlike drukverligting; verwyder die deksel versigtig. Bedien warm.

Peperige Habanero-eiers

Voorbereidingstyd: 25 minute

gedeeltes 4

Voedingswaardes per porsie: 338 kalorieë; 25,7 g vet; 5,8 g totale koolhidrate; 19,8 g proteïen; 2,8 g suikers

Bestanddele

- 8 eiers
- 2 teelepels habanero chili peper, fyn gekap
- 1 teelepel komynsaad
- 1/4 koppie suurroom
- 1/4 koppie mayonnaise
- 1 teelepel klipgemaalde mosterd
- 1/2 teelepel rooipeper
- Seesout en varsgemaalde swartpeper na smaak

1. **Aanwysings:**
2. Gooi 1 koppie water in die Kitspot; voeg 'n stoommandjie by die bodem.
3. Rangskik die eiers in die stoommandjie.
4. Maak die deksel vas. Kies "Handmatige" modus en Hoë druk; Kook vir 5 minute. Sodra kook klaar is, gebruik 'n natuurlike drukverligting; verwyder die deksel versigtig.

5. Laat die eiers vir 15 minute afkoel. Skil die eiers en skei die witte van die gele.
6. Druk die "Sauté"-knoppie om jou Kitspot warm te maak; Verhit die olie. Braai nou habanero-rissiepeper en komynsaad tot geurig.
7. Voeg die gereserveerde eiergele by die pepermengsel. Roer die suurroom, mayonnaise, mosterd, rooipeper, sout en swartpeper by. Vul nou die eierwitte met hierdie mengsel. Geniet jou ete!

Eierslaai met mosterdsaadsous

Voorbereidingstyd: 25 minute

gedeeltes 4

Voedingswaardes per porsie: 340 kalorieë; 27,5 g vet; 5,1 g totale koolhidrate; 16,4g proteïen; 1,9 g suikers

Bestanddele

- 5 medium eiers
- 1/2 pond boerenkoolblare, in stukke geskeur
- 1/2 koppie radyse, in skywe gesny
- 1 wit ui, dun gesny
- 2 eetlepels sjampanje-asyn
- 1/2 eetlepel papawersaad
- Seesout en witpeper na smaak
- 1/2 teelepel rooipeper
- 1 teelepel geel mosterd
- 1/4 koppie ekstra suiwer olyfolie
- 3 onse bokkaas, verkrummel

Aanwysings

1. Gooi 1 koppie water in die Kitspot; voeg 'n stoommandjie by die bodem.
2. Rangskik die eiers in die stoommandjie.
3. Maak die deksel vas. Kies "Handmatige" modus en Hoë druk; Kook vir 5 minute. Sodra kook klaar is, gebruik 'n natuurlike drukverligting; verwyder die deksel versigtig.
4. Laat die eiers vir 15 minute afkoel. Plaas dit dan in jou yskas en behou dit.
5. Plaas dan boerenkool in die stoommandjie.
6. Maak die deksel vas. Kies "Handmatige" modus en Hoë druk; kook vir 1 minuut. Sodra kook klaar is, gebruik 'n vinnige drukvrystelling; verwyder die deksel versigtig.
7. Plaas nou radyse en ui in 'n slaaibak. Voeg boerenkool en gesnyde eiers by.
8. Meng asyn, papawersaad, sout, witpeper, rooipeper en olyfolie deeglik in 'n mengbak.
9. Gooi die slaaisous oor jou slaai. Sprinkel bokkaas oor en sit goed verkoel voor. Geniet jou ete!

Eierslaaibak

Voorbereidingstyd: 25 minute

gedeeltes 4

Voedingswaardes per porsie: 276 kalorieë; 22,6g vet; 6,7 g totale koolhidrate; 12,5 g proteïen; 1,4 g suikers

Bestanddele

- 8 eiers
- 1 avokado, ontpit, geskil en gekap
- 1/4 mayonnaise
- 1 eetlepel vars lemmetjiesap
- 1 eetlepel sjampanje-asyn
- 1 teelepel gemaalde mosterd
- Seesout en gemaalde swartpeper, na smaak
- 1/2 teelepel selderysaad
- 8 swart olywe, ontpit en in skywe gesny
- 1/2 koppie basiliekruidblare, losweg verpak

Aanwysings

1. Plaas 1 koppie water en 'n stoommandjie in jou kitspot. Plaas nou die eiers op die stoommandjie.
2. Maak die deksel vas. Kies "Handmatige" modus en Lae druk; Kook vir 5 minute. Sodra kook klaar is, gebruik 'n vinnige drukvrystelling; verwyder die deksel versigtig.

3. Laat die eiers vir 15 minute afkoel. Skil die eiers en sny dit in die lengte middeldeur.
4. Plaas avokado, mayonnaise, suurlemoensap, asyn, mosterd, sout, swartpeper, selderysaad in 'n opdienbak; roer om goed te kombineer.
5. Garneer met die gereserveerde eiers, olywe en basiliekruid. Lekker!

Kasserol met aspersies en kaas

Voorbereidingstyd: 25 minute

gedeeltes 6

Voedingswaardes per porsie: 272 kalorieë; 21,1g vet; 4,7 g totale koolhidrate; 15,5 g proteïen; 2,3 g suikers

Bestanddele

- 1 eetlepel botter, saggemaak
- 1/2 koppie prei, fyn gekap
- 2 knoffelhuisies, fyngekap
- 10 aspersies, fyn gekap
- 6 eiers, geklits
- 4 eetlepels melk
- 3 eetlepels roomkaas
- Kosher sout en witpeper, na smaak
- 1/2 teelepel tiemie, fyn gekap
- 1/2 teelepel roosmaryn, fyn gekap
- 1 koppie Colby kaas, gerasper

Aanwysings

1. Druk die "Sauté"-knoppie om die kitspot op te warm. Smelt nou die botter en braai die preie tot sag.
2. Voeg knoffel by en kook vir nog 30 sekondes. Skakel jou Instant Pot af. Voeg die oorblywende bestanddele by en meng om te kombineer.
3. Skep die mengsel in liggies gesmeerde ramekins.
4. Vee jou Instant Pot af met 'n klam lap. Plaas 1 koppie water en 'n rek in jou kitspot.
5. Laat sak die ramekins op die rak. Bedek hulle met 'n stuk foelie.
6. Maak die deksel vas. Kies "Sop/Brout"-modus en Lae druk; Kook vir 20 minute. Sodra kook klaar is, gebruik 'n vinnige drukvrystelling; verwyder die deksel versigtig. Geniet jou ete!

Fees Ontbyt Eiers

Voorbereidingstyd: 10 minute

gedeeltes 3

Voedingswaardes per porsie: 259 kalorieë; 19,2g vet; 2 g totale koolhidrate; 17,9 g proteïen; 1,3 g suikers

Bestanddele

- 6 groot eiers
- Sout en paprika na smaak

Aanwysings

1. Voeg 1 koppie water en 'n metaal onderstel by die Instant Pot.
2. Spuit ses silikoonkoppies met kleefwerende kooksproei. Kraak 'n eier in elke koppie.
3. Laat sak dan die silikoonkoppies op die metaalonderzetter.
4. Maak die deksel vas. Kies "Stoom" en Hoëdrukmodus; kook vir 4 minute. Sodra kook klaar is, gebruik 'n vinnige drukvrystelling; verwyder die deksel versigtig.
5. Geur jou eiers met sout en paprika. Geniet jou ete!

Groen Dip Met Kaas En Mosterd

Voorbereidingstyd: 10 minute

gedeeltes 8

Voedingswaardes per porsie: 49 kalorieë; 3,1g vet; 1,4 g totale koolhidrate; 3,9 g proteïen; 0,8 g suikers

Bestanddele

- 1 koppie mosterdgroente, fyn gekap
- 4 ons Maaskaas, by kamertemperatuur
- 1/2 koppie bokkaas, by kamertemperatuur
- Sout en gemaalde swartpeper, na smaak
- 1 teelepel Dijon-mosterd

Aanwysings

1. Gooi net al die bogenoemde bestanddele in jou kitspot.
2. Maak die deksel vas. Kies "Handmatige" modus en Lae druk; kook vir 3 minute. Sodra kook klaar is, gebruik 'n vinnige drukvrystelling; verwyder die deksel versigtig.
3. Bedien warm en geniet!

Kaasblomkooldip

Voorbereidingstyd: 10 minute

Gedeeltes 10

Voedingswaardes per porsie: 97 kalorieë; 8,7 g vet; 1,2 g totale koolhidrate; 3,9 g proteïen; 0,5 g suikers

Bestanddele

- 1 koppie water
- 1/2 pond blomkool, in blommetjies gebreek
- 1/2 koppie hoenderbouillon, warm
- 1/2 stok botter
- 1 koppie Paneer kaas, verkruimeld
- 2 eetlepels vars koriander, gekap
- 1 teelepel Kala Namak
- 1/4 teelepel swartpeper

Aanwysings

1. Begin deur water en 'n stoommandjie by jou kitspot te voeg. Plaas die blomkoolblommetjies in die stoommandjie.
2. Maak die deksel vas. Kies "Handmatige" modus en Lae druk; kook vir 3 minute. Sodra kook klaar is, gebruik 'n vinnige drukvrystelling; verwyder die deksel versigtig.
3. Puree dan die blomkoolblommetjies in jou voedselverwerker.
4. Voeg die oorblywende bestanddele by; puree tot goed gemeng. Geniet jou ete!

Die beste keto ontbyt

Voorbereidingstyd: 10 minute

gedeeltes 4

Voedingswaardes per porsie: 256 kalorieë; 18,6 g vet; 5,3 g totale koolhidrate; 17g Proteïen; 2,9 g suikers

Bestanddele

- 4 medium Portobello-sampioene, stingels verwyder
- 4 eiers
- 1 rooi soetrissie, gestroop en fyn gekap
- 1 groen soetrissie, afgewerk en fyn gekap
- Seesout en gemaalde swartpeper, soos verlang
- 1/2 teelepel rooipeper
- 1/2 teelepel gedroogde dillekruid
- 1 koppie Pepper Jack kaas, gerasper

Aanwysings

1. Begin deur 1 koppie water en 'n metaal onderstel by jou kitspot te voeg. Spuit Portobello-sampioene met 'n kleefwerende sproei.
2. Meng die eiers, peper, sout, swartpeper, rooipeper en dille; meng tot goed gemeng. Skep hierdie mengsel in die voorbereide sampioendoppies.
3. Plaas die gevulde sampioene op die metaalonderbank.
4. Maak die deksel vas. Kies "Handmatige" modus en Hoë druk; Kook vir 6 minute. Sodra kook klaar is, gebruik 'n vinnige drukvrystelling; verwyder die deksel versigtig.
5. Strooi gerasperde kaas oor. Geniet jou ete!

Lekker Keto Wraps

Voorbereidingstyd: 10 minute

gedeeltes 4

Voedingswaardes per porsie: 298 kalorieë; 24,2g vet; 3,6 g totale koolhidrate; 15,7 g proteïen; 1,3 g suikers

Bestanddele

- 2 teelepels botter, by kamertemperatuur
- 4 eiers
- Sout en rooipeper, na smaak
- 1/2 koppie Cheddarkaas, gerasper
- 8 snye mortadella
- 1/4 koppie mayonnaise
- 1 eetlepel Dijon-mosterd
- 8 blare Romaine blaarslaai

Aanwysings

1. Druk die "Sauté"-knoppie om jou kitspot op te warm. Verhit nou die botter.
2. Voeg die eiers by en roer met 'n houtlepel tot die eiers sag is. Voeg die sout, rooipeper en kaas by.
3. Hou aan kook vir nog 40 sekondes of totdat die kaas gesmelt is. Skakel die Instant Pot af.
4. Verdeel nou die eier/kaasmengsel oor die skywe mortadella; voeg mayo en mosterd by. Voeg 'n slaaiblaar by elke rol.

Wors en tamatiebredie

Voorbereidingstyd: 10 minute

Gaarmaaktyd: 20 minute

Porsies: 4

Bestanddele:

- 1 pond varkwors, in skywe gesny
- 14 ons ingemaakte tamaties, gekap
- 1 geel ui, gekap
- 'n Knippie sout en swartpeper
- 1 eetlepel avokado-olie
- ½ koppie beesvleisaftreksel

Aanwysings:

1. Sit die kitspan op die Sauté-stelling, voeg die olie by, verhit dit, voeg die ui en wors by en verbruin vir 5 minute.
2. Voeg die res van die bestanddele by, sit die deksel op en kook op Lae vir 15 minute.
3. Laat die druk natuurlik vir 10 minute los, verdeel dan die bredie in bakkies en bedien.

Voedingswaardes per porsie: kalorieë 200, vet 7, vesel 3, koolhidrate 9, proteïen 12

Bredie van roosmarynbeesvleis en pastinaak

Voorbereidingstyd: 10 minute

Gaarmaaktyd: 30 minute

Porsies: 4

Bestanddele:

- 1 pond beesbredie, in blokkies gesny
- 2 eetlepels olyfolie
- 'n Knippie sout en swartpeper
- ¼ pond pastinaak, in skywe gesny
- 4 knoffelhuisies, fyn gekap
- 2 koppies beesvleisaftreksel
- 1 eetlepel tamatiepasta
- 'n Bos roosmaryn, fyn gekap

Aanwysings:

1. Stel die kitspan op Soteer-modus, voeg die olie by, verhit dit, voeg die beesvleis en knoffel by en kook vir 5 minute terwyl jy gereeld roer.
2. Voeg die pastinaak en die res van die bestanddele by, bedek en kook op Hoog vir 25 minute.
3. Laat die druk natuurlik vir 10 minute los, verdeel dan die bredie in bakkies en bedien.

Voedingswaardes per porsie: kalorieë 242, vet 12, vesel 4, koolhidrate 9, proteïen 13

Italiaanse Hoender en Spinasiebredie

Voorbereidingstyd: 10 minute

Gaarmaaktyd: 25 minute

Porsies: 4

Bestanddele:

- 1 pond hoenderborsie, sonder vel, sonder been en in blokkies
- 1 eetlepel olyfolie
- 1 geel ui, gekap
- 2 koppies spinasie, geskeur
- 1 koppie hoenderbouillon
- ½ koppie tamatiesous
- Sout en swartpeper na smaak

Aanwysings:

1. Sit jou kitspan op Soteer, voeg die olie by, verhit dit, voeg die ui en hoender by en verbruin vir 5 minute.
2. Voeg die res van die bestanddele by, sit die deksel op en kook op Lae vir 20 minute.
3. Laat die druk natuurlik vir 10 minute los, verdeel dan die bredie in bakkies en bedien.

Voedingswaardes per porsie: kalorieë 263, vet 11, vesel 3, koolhidrate 6, proteïen 17

Hoender en okrabredie

Voorbereidingstyd: 10 minute

Gaarmaaktyd: 20 minute

Porsies: 4

Bestanddele:

- 1 geel ui, gekap
- 1 pond hoenderborsie, sonder vel, sonder been en in blokkies
- 1 knoffelhuisie, fyngekap
- 2 koppies hoenderbouillon
- 14 onse okra
- 1 teelepel vyf speserye
- 12 onse tamatiesous
- 'n Knippie sout en swartpeper
- 2 teelepels avokado-olie
- ½ koppie pietersielie, gekap
- Sap van 1 suurlemoen

Aanwysings:

1. Sit die kitspan op Soteer, voeg die olie by, verhit dit, voeg die vleis en ui by en verbruin vir 5 minute.
2. Voeg die res van die bestanddele behalwe die pietersielie by, bedek en kook op Hoog vir 15 minute.
3. Laat die druk natuurlik vir 10 minute los, voeg die pietersielie by, verdeel die bredie in bakkies en bedien.

Voedingswaardes per porsie: kalorieë 253, vet 12, vesel 5, koolhidrate 8, proteïen 16

Bredie van ertjies en kalkoen

Voorbereidingstyd: 10 minute

Gaarmaaktyd: 25 minute

Porsies: 4

Bestanddele:

- 1 kalkoenborsie, sonder vel, sonder been en in blokkies gesny
- 4 knoffelhuisies, fyn gekap
- 1 eetlepel olyfolie
- 2 selderystingels, fyn gekap
- 1 geel ui, gekap
- 1 koppie ertjies
- 2 lourierblare
- ¼ teelepel tiemie, gedroog
- 'n Knippie sout en swartpeper
- 1 en ½ koppies hoenderaftreksel
- 3 eetlepels tamatiepasta
- 1 eetlepel koljander, fyn gekap

Aanwysings:

1. Sit jou kitspan op sosatie, voeg die olie by, verhit dit, voeg die vleis, knoffel en ui by, roer en braai vir 5 minute.
2. Voeg die res van die bestanddele behalwe die koljander by, bedek en kook op Hoog vir 20 minute.
3. Laat die druk natuurlik vir 10 minute los, gooi die lourierblare weg, voeg die pietersielie by, verdeel die bredie in bakkies en bedien.

Voedingswaardes per porsie: kalorieë 272, vet 12, vesel 4, koolhidrate 7, proteïen 11

Bredie van Turkye en Spruitjies

Voorbereidingstyd: 10 minute

Gaarmaaktyd: 25 minute

Porsies: 4

Bestanddele:

- 1 pond kalkoenbors, sonder vel, sonder been en in blokkies gesny
- 1 pond Brusselse spruite, gehalveer
- 1 sjalot, gekap
- 2 knoffelhuisies, fyngekap
- 1 eetlepel olyfolie
- 'n Knippie sout en swartpeper
- 1 eetlepel tiemie, fyn gekap
- ½ eetlepel dragon, fyn gekap
- 1 eetlepel pietersielie, gekap
- 1 koppie hoenderbouillon
- ½ koppie tamatiesous

Aanwysings:

1. Sit jou kitspan op sosatie, voeg die olie by, verhit dit, voeg die vleis, Brusselse spruite, sjalot en knoffel by en verbruin vir 5 minute.
2. Voeg die res van die bestanddele by, sit die deksel op en kook op Lae vir 20 minute.
3. Laat die druk natuurlik vir 10 minute los, verdeel dan die bredie in bakkies en bedien.

Voedingswaardes per porsie: kalorieë 239, vet 14, vesel 4, koolhidrate 9, proteïen 16

Bredie van lam en soetrissies

Voorbereidingstyd: 5 minute

Gaarmaaktyd: 20 minute

Porsies: 4

Bestanddele:

- 1 pond lamskouer, in blokkies gesny
- 2 eetlepels olyfolie
- 1 wit ui, gekap
- 2 knoffelhuisies, fyngekap
- 10 onse gemengde soetrissies, in repe gesny
- 2 koppies beesvleisaftreksel
- 'n Knippie sout en swartpeper
- 1 eetlepel basiliekruid, gedroog
- 2 eetlepels tiemie, fyn gekap

Aanwysings:

1. Sit jou kitspan op sosatie, voeg die olie by, verhit dit, voeg die vleis, knoffel en ui by en braai vir 5 minute.
2. Voeg die res van die bestanddele by, sit die deksel op en kook op Hoog vir 15 minute.
3. Los die druk vinnig vir 5 minute, verdeel dan die bredie in bakkies en bedien.

Voedingswaardes per porsie: kalorieë 221, vet 11, vesel 4, koolhidrate 6, proteïen 14

Kaneel Varkbredie

Voorbereidingstyd: 10 minute

Gaarmaaktyd: 30 minute

Porsies: 4

Bestanddele:

- 1 en ½ pond varkskouer, in blokkies gesny
- 1 geel ui, gekap
- 2 eetlepels olyfolie
- 1 teelepel kaneelpoeier
- 2 knoffelhuisies, gekap
- 'n Knippie sout en swartpeper
- ½ koppie beesvleisaftreksel
- 12 ons ingemaakte tamaties, gekap
- 1 eetlepel basiliekruid, fyn gekap

Aanwysings:

1. Sit jou kitspan op die Sauté-modus, voeg die olie by, verhit dit, voeg die vleis, ui, knoffel en kaneel by, gooi en verbruin vir 5 minute.
2. Voeg die res van die bestanddele behalwe die basiliekruid by, bedek en kook op Lae vir 25 minute.
3. Laat die druk natuurlik vir 10 minute los, verdeel dan die bredie in bakkies, sprinkel die basiliekruid oor en bedien.

Voedingswaardes per porsie: kaloriee 231, vet 12, vesel 3, koolhidrate 7, proteïen 9

Pesto Varkbredie

Voorbereidingstyd: 10 minute

Gaarmaaktyd: 30 minute

Porsies: 4

Bestanddele:

- 1 geel ui, gekap
- 1 pond varkbredie, in blokkies gesny
- 1 knoffelhuisie, fyngekap
- 1 koppie hoenderbouillon
- 12 onse tamatiesous
- 1 eetlepel olyfolie
- Sap van ½ suurlemoen
- 1 eetlepel pietersielie, gekap
- 1 eetlepel basiliekruid pesto

Aanwysings:

1. Sit die kitspan op Soteermodus, voeg die olie by, verhit dit, voeg die vleis, ui en knoffel by en braai vir 5 minute.
2. Voeg die res van die bestanddele by, sit die deksel op en kook op Lae vir 25 minute.
3. Laat die druk natuurlik vir 10 minute los, verdeel dan die bredie in bakkies en bedien.

Voedingswaardes per porsie: kalorieë 233, vet 12, vesel 4, koolhidrate 7, proteïen 15

Bredie van beesvleis en raap

Voorbereidingstyd: 10 minute

Gaarmaaktyd: 40 minute

Porsies: 6

Bestanddele:

- 2 pond beesbredie, in blokkies gesny
- 2 koppies hoenderbouillon
- 3 knoffelhuisies, gekap
- 1 koppie tamatiesous
- Sout en swartpeper na smaak
- 3 raap, in kwarte gesny

Aanwysings:

1. Kombineer al die bestanddele in jou kitspot, sit die deksel op en kook op Lae vir 40 minute.
2. Laat die druk natuurlik vir 10 minute los, verdeel dan die bredie in bakkies en bedien.

Voedingswaardes per porsie: kalorieë 221, vet 12, vesel 4, koolhidrate 7, proteïen 11

Oregano lam en tamatiebredie

Voorbereidingstyd: 10 minute

Gaarmaaktyd: 40 minute

Porsies: 4

Bestanddele:

- 4 lamskenkels
- 2 eetlepels olyfolie
- 1 geel ui, gekap
- 2 knoffelhuisies, fyngekap
- 1 en ½ koppies tamaties, in blokkies gesny
- 1 eetlepel origanum, gekap
- 'n Knippie sout en swartpeper
- 2 koppies beesvleisaftreksel

Aanwysings:

1. Sit jou kitspan op die Sauté-modus, voeg die olie by, verhit dit, voeg die lam by en verbruin vir 4 minute.
2. Voeg die ander bestanddele by, sit die deksel op en kook op Lae vir 35 minute.
3. Laat die druk natuurlik vir 10 minute los, verdeel dan die bredie in bakkies en bedien.

Voedingswaardes per porsie: kalorieë 230, vet 14, vesel 4, koolhidrate 7, proteïen 11

Chili Beesbredie

Voorbereidingstyd: 5 minute

Gaarmaaktyd: 20 minute

Porsies: 4

Bestanddele:

- 1 pond beesbredie, gemaal
- 2 koppies beesvleisaftreksel
- 10 onse Salsa Verde
- 1 teelepel chili poeier
- 'n Knippie sout en swartpeper
- 1 eetlepel koljander, fyn gekap

Aanwysings:

1. Meng al die bestanddele behalwe die koljander in jou kitspot, sit die deksel op en kook op Hoog vir 20 minute.
2. Los die druk vinnig vir 5 minute, verdeel die bredie in bakkies, sprinkel die koljander oor en bedien.

Voedingswaardes per porsie: kalorieë 201, vet 7, vesel 4, koolhidrate 7, proteïen 9

Kale suurlemoen en hoenderbredie

Voorbereidingstyd: 10 minute

Gaarmaaktyd: 20 minute

Porsies: 4

Bestanddele:

- 1 pond hoenderborsie, sonder vel, sonder been en in blokkies
- 2 koppies boerenkool, geskeur
- ½ koppie hoenderbouillon
- ½ koppie tamatiesous
- 'n Knippie sout en swartpeper
- 1 eetlepel koljander, fyn gekap

Aanwysings:

1. Kombineer al die bestanddele in jou kitspot, sit die deksel op en kook op Hoog vir 20 minute.
2. Laat die druk natuurlik vir 10 minute los, verdeel dan die bredie in bakkies en bedien.

Voedingswaardes per porsie: kalorieë 192, vet 8, vesel 4, koolhidrate 8, proteïen 12

Gesmoorde Dragon Beef

Voorbereidingstyd: 10 minute

Gaarmaaktyd: 30 minute

Porsies: 4

Bestanddele:

- 1 en ½ pond beesbredie, in blokkies gesny
- 3 knoffelhuisies, fyngekap
- 2 eetlepels olyfolie
- 1 koppie tamatiesous
- ½ koppie beesvleisaftreksel
- 1 eetlepel dragon, fyn gekap
- 'n Knippie sout en swartpeper

Aanwysings:

1. Sit jou kitspan op Soteer, voeg die olie by, verhit dit, voeg die vleis en knoffel by en verbruin vir 5 minute.
2. Voeg die res van die bestanddele by, sit die deksel op en kook op Lae vir 25 minute.
3. Laat die druk natuurlik vir 10 minute los, verdeel dan die bredie in bakkies en bedien.

Voedingswaardes per porsie: kalorieë 200, vet 12, vesel 4, koolhidrate 6, proteïen 9

Spek- en spinasiebredie

Voorbereidingstyd: 10 minute

Gaarmaaktyd: 12 minute

Porsies: 4

Bestanddele:

- 2 koppies spek, gekap
- 1 teelepel olyfolie
- 1 pond spinasie, geskeur
- 'n Knippie sout en swartpeper
- ½ koppie hoenderbouillon
- 3 eetlepels tamatiepasta

Aanwysings:

1. Sit jou kitspan op die soteermodus, voeg die olie by, verhit dit, voeg die spek by en kook vir 5 minute.
2. Voeg die res van die bestanddele by, sit die deksel op en kook op Laag vir 12 minute.
3. Laat die druk natuurlik vir 10 minute los, verdeel dan die bredie in bakkies en bedien.

Voedingswaardes per porsie: kalorieë 195, vet 4, vesel 5, koolhidrate 9, proteïen 6

Garnale en Kabeljoubredie

Voorbereidingstyd: 5 minute

Gaarmaaktyd: 12 minute

Porsies: 4

Bestanddele:

- 1 pond garnale, geskil en ontgin
- 7 ons ingemaakte tamaties, gekap
- ½ bossie pietersielie, fyn gekap
- ¼ koppie hoenderaftreksel
- 1 pond kabeljoufilette, sonder been, velloos en in blokkies gesny

Aanwysings:

1. Meng al die bestanddele in jou kitspot, sit die deksel op en kook op Lae vir 12 minute.
2. Los die druk vinnig vir 5 minute, verdeel die mengsel in bakkies en bedien.

Voedingswaardes per porsie: kalorieë 160, vet 4, vesel 3, koolhidrate 7, proteïen 9

Bredie van groenbone en hoender

Voorbereidingstyd: 10 minute

Gaarmaaktyd: 15 minute

Porsies: 4

Bestanddele:

- 1 eetlepel olyfolie
- 2 knoffelhuisies, fyngekap
- 1 pond hoenderborsie, sonder vel, sonder been en in blokkies
- 1 pond groenbone, afgewerk
- 14 ons ingemaakte tamaties, gekap
- 1 eetlepel pietersielie, gekap

Aanwysings:

1. Sit die kitspan op Soteermodus, voeg die olie by, verhit dit, voeg die vleis en knoffel by en braai vir 5 minute.
2. Voeg die res van die bestanddele by, sit die deksel op en kook op Hoog vir 15 minute.
3. Laat die druk natuurlik vir 10 minute los, verdeel dan die bredie in bakkies en bedien.

Voedingswaardes per porsie: kalorieë 200, vet 8, vesel 5, koolhidrate 8, proteïen 10

Borrie Quinoa en Hoenderbredie

Voorbereidingstyd: 6 minute

Gaarmaaktyd: 20 minute

Porsies: 4

Bestanddele:

- 1 eetlepel olyfolie
- ½ koppie quinoa, afgespoel
- 3 koppies hoenderaftreksel
- 1 pond hoenderborsie, sonder vel, sonder been en in blokkies
- ½ teelepel komyn, gemaal
- 1 rooi ui, gekap
- 4 knoffelhuisies, fyn gekap
- ½ teelepel borriepoeier
- 'n Knippie sout en swartpeper
- 1 teelepel suurlemoensap

Aanwysings:

1. Sit die kitspan op soteermodus, voeg die olie by, verhit dit, voeg die vleis, ui, knoffel, borrie en komyn by, gooi en verbruin vir 5 minute.
2. Voeg die oorblywende bestanddele by, sit die deksel op en kook op Hoog vir 15 minute.
3. Los die druk vinnig vir 6 minute, roer die bredie, verdeel tussen bakkies en bedien.

Voedingswaardes per porsie: kalorieë 200, vet 12, vesel 4, koolhidrate 7, proteïen 14

Ligte middagete sop

Voorbereidingstyd: 43 MIN

Bediening: 6

Bestanddele

- 1 eetlepel. olyf olie
- 1 gekapte geel ui
- 3 gekapte knoffelhuisies
- 1¼ pond bevrore blomkool
- ½ pond in blokkies gesnyde bevrore botterskorsie
- 3 koppies gefiltreerde water
- 1 tl gedroogde tiemie
- 1 tl paprika
- ½ tl rooipepervlokkies
- Sout, na smaak
- ½ koppie half-en-half
- ¼ koppie gerasperde cheddarkaas

Aanwysings:

1. Voeg die olie by die Kitspot en kies "Sauté". Voeg dan die ui by en braai vir sowat 4-5 minute.
2. Voeg knoffel by en kook vir sowat 1 minuut.
3. Kies die "Kanselleer" opsie en roer die blomkool, stampmielies, water, tiemie en speserye by.
4. Bevestig die deksel en stel die drukklep in die "Seal" posisie.
5. Kies "Handmatig" en kook onder "Hoë druk" vir ongeveer 5 minute.
6. Kies die "Kanselleer" en voer 'n "vinnige" vrystelling versigtig uit.
7. Haal die deksel af en roer half en half in.
8. Puree die sop met 'n staafmenger en sit dadelik voor.

Voedingswaardes per porsie:

Kalorieë 117

Totale vet 6.5g

Netto koolhidrate 2,16g

Proteïen 4,4g

Vesel 3.8g

Noord-Amerikaanse groentesop

Voorbereidingstyd: 38 MIN

Bediening: 6

Bestanddele:

- 2 tl olyfolie
- 1 klein geel gekapte ui
- 1 eetlepel. gekapte knoffel
- 1 tl gedroogde tiemie
- 1 pond gekapte vars Baby Bella sampioene
- 4 koppies gekapte blomkool
- 6 koppies tuisgemaakte groente-aftreksel
- ¾ koppie gerasperde Parmesaankaas

Aanwysings:

1. Voeg die olie by die Kitspot en kies "Sauté". Voeg dan die ui en knoffel by en braai vir sowat 2-3 minute.
2. Voeg sampioene by en kook vir sowat 4-5 minute.
3. Kies die "Kanselleer" opsie en roer die blomkool en aftreksel by.
4. Bevestig die deksel en stel die drukklep in die "Seal" posisie.
5. Kies "Handmatig" en kook onder "Hoë druk" vir ongeveer 5 minute.

6. Kies die "Kanselleer" en voer liggies 'n natuurlike vrystelling uit.
7. Verwyder die deksel en puree die sop met 'n staafmenger.
8. Kies die "Sauté" en roer die Parmesaankaas by.
9. Kook vir sowat 5 minute.
10. Bedien dadelik.

Voedingswaardes per porsie:

Kalorieë 147

Totale vet 69g

Netto koolhidrate 1,5 g

Proteïen 13,8 g

Vesel 2.6g

Bolognese sop

Voorbereidingstyd: 40 MIN

Bediening: 4

Bestanddele:

- 1 pond beesvleis
- 14 ons ingemaakte tamaties in blokkies
- ¼ koppie tamatiepasta
- 3 koppies hoenderbouillon
- ½ tl tiemie
- ½ teelepel Oregano
- 1 eetlepel. gekapte basiliekruid
- 2 knoffelhuisies, fyngekap
- 2 koppies Bloemkoolrys
- ½ tl Versoeter
- ½ tl Sout
- ½ tl Peper
- 1 eetlepel. Olyf olie

Aanwysings:

1. Verhit die olie in jou IP op SAUTE.
2. Voeg uie by en kook vir 3 minute.
3. Voeg knoffel, origanum en tiemie by en kook vir nog 1 minuut.
4. Voeg die beesvleis by en kook tot bruin.
5. Roer die tamatiepasta en tamaties by en kook vir nog 2 minute.
6. Gooi die sous daaroor.
7. Voeg sout, peper en versoeter by en maak die deksel toe.
8. Kook op HOOG vir 5 minute.
9. Laat die druk vir 5 minute daal.
10. Roer die blomkool by en kook op HOOG vir nog 5 minute.
11. Laat die druk natuurlik los.
12. Roer die basiliekruid by en bedien.
13. Lekker!

Voedingswaardes per porsie:

Kalorieë 423

Totale vet 17,4g

Netto koolhidrate 7g

Proteïen 25g

Vesel: 1,8g

Ham en Aspersiesop

Voorbereidingstyd: 55 MIN

Bediening: 4

Bestanddele:

- 1½ pond Aspersiesplit, gekap
- ½ tl tiemie
- ¾ koppie ham in blokkies
- 1 ui, gekap
- 3 eetlepels. Ghee
- 2 tl gemaalde knoffel
- 4 koppies hoenderaftreksel

Aanwysings:

1. Smelt die ghee in jou IP op SAUTE.
2. Voeg uie by en kook vir 3 minute.
3. Voeg ham en knoffel by en kook vir nog 1 minuut.
4. Voeg die tiemie en aftreksel by en roer saam.
5. Maak die deksel toe en kook vir 45 minute op SOP.
6. Laat die druk vinnig los.
7. Meng met 'n stokmenger tot glad.
8. Bedien en geniet!

Voedingswaardes per porsie:

Kalorieë 233

Totale vet 18.5g

Netto koolhidrate 7,5 g

Proteïen 8,7 g

Vesel: 2,6g

Nog 'n bruidssop

Voorbereidingstyd: 45 MIN

Bediening: 4

Bestanddele:

- 3 koppies beenbouillon
- 4 onse Spinasie
- ½ ui, gekap
- 1 koppie ham in blokkies
- ½ teelepel borrie
- ½ tl Knoffelpoeier
- ½ koppie gekapte seldery
- 1 Wortel, dun gesny
- 1 tl tiemie
- 1 koppie Blomkoolrys
- frikkadelle:
- 1/2 pond beesvleis
- 1 eetlepel. amandel meel
- ½ teelepel Oregano
- ½ teelepel Pietersielie
- ¼ tl Peper

Aanwysings:

1. Meng al die frikkadelbestanddele in 'n bak.
2. Vorm in frikkadelle.
3. Plaas alle ander bestanddele, behalwe die ham, in jou kitspot en roer om te kombineer.
4. Voeg die frikkadelle by en maak die deksel toe.
5. Kook op SOP vir 30 minute.
6. Laat die druk natuurlik los.
7. Roer die ham by en bedien.
8. Lekker!

Voedingswaardes per porsie:

Kalorieë 180

Totale vette 8g

Netto koolhidrate 4.7

Proteïen 22g

Vesel: 3,5 g

Osstertsop

Voorbereidingstyd: 4 uur

Bediening: 8

Bestanddele:

- 3 ½ pond beessterte
- 3 lourierblare
- 1 selderystingel, fyn gekap
- 2 koppies groenbone
- 1 raap, in blokkies gesny
- 14 ons ingemaakte tamaties in blokkies
- ¼ koppie ghee
- 1 takkie tiemie
- 1 takkie roosmaryn
- 2 preie, in skywe gesny
- 2½ liter water
- 2 eetlepels. Suurlemoensap
- ¼ teelepel gemaalde naeltjies
- Sout en peper na smaak

Aanwysings:

1. Smelt die ghee in jou IP op SAUTE.
2. Voeg die beesstert by en kook tot bruin. Jy sal dalk hier in bondels moet werk.

3. Gooi die water oor en voeg die tiemie, roosmaryn, lourierblare en naeltjies by.
4. Kook op HOOG vir 1 uur.
5. Doen 'n natuurlike drukverligting.
6. Verwyder die vleis van die IP en sny dit op 'n snyplank.
7. Voeg die rutabaga en prei by die pot en maak die deksel toe.
8. Kook op HOOG vir 5 minute.
9. Voeg die oorblywende groente by en kook vir nog 7 minute.
10. Voeg die vleis by en maak weer toe.
11. Kook op HOOG vir 2 minute.
12. Roer die suurlemoensap by en geur met sout en peper.
13. Bedien en geniet!

Voedingswaardes per porsie:

Kalorieë 371

Totale vet 22g

Netto koolhidrate 8,2g

Proteïen 33g

Vesel: 2,7g

Taco sop

Voorbereidingstyd: 25 MIN

Bediening: 8

Bestanddele:

- 1 pond gemaalde varkvleis
- 1 pond beesvleis
- 16 oz roomkaas
- 20 oz Ro-Tel in blokkies gesnyde tamatie en groen brandrissies
- 2 eetlepels. Taco Geurmiddels
- 4 koppies hoenderaftreksel
- 2 eetlepels. Koljanderblare (gekap)
- ½ koppie Monterey Jack (gerasper)

Aanwysings:

1. Stel die Instant Pot op "Soteer" en plaas die maalvleis daarin. Kook, roer gereeld en breek groter stukke op totdat al die water verdamp het, sowat 10 minute.
2. Voeg die roomkaas, Ro-Tel en taco-geursel by en roer goed.
3. Plaas en sluit die deksel en stel die gaarmaaktyd met die hand op 15 minute onder hoë druk.
4. Wanneer jy gereed is, laat vinnig die druk los. Roer die koljanderblare by.

5. Sit voor saam met die gerasperde Monterey Jack.

Voedingswaardes per porsie:

Kalorieë: 547

Totale vette: 43g

Netto koolhidrate: 4g

Proteïene: 33g

Vesel: 1g

Minestrone sop

Voorbereidingstyd: 35 MIN

Bediening: 12

Bestanddele:

- 2 eetlepels. Olyf olie
- 1 patat (in blokkies gesny)
- 1 koppie wortels (in blokkies gesny)
- 2 selderystingels (in blokkies gesny)
- 2 medium zucchini (in blokkies gesny)
- 2 medium sjalotte (in blokkies gesny)
- 2 knoffelhuisies (gemaalde)
- 28 oz Hoenderaftreksel
- 28 oz tamaties (in blokkies gesny)
- 1 koppie vars spinasie (gekap)
- 2 lourierblare
- 2 tl gedroogde origanum
- 1 tl gedroogde basiliekruid
- 1 tl gedroogde pietersielie
- ½ teelepel rooipeper
- ½ tl Sout
- 1 tl gemaalde swartpeper
- 1½ pond gemaalde varkwors (gekook en verkrummel)

Aanwysings:

1. Gooi olyfolie in die Instant Pot. Voeg al die ander bestanddele, behalwe spinasie, by die pot en roer om te kombineer.
2. Plaas en sluit die deksel en stel die Instant Pot op "Sop" of met die hand vir 30 minute van hoë druk kook.
3. Wanneer jy gereed is, laat vinnig die druk los.
4. Verwyder die lourierblaar en voeg die spinasie by die pan, roer en laat staan vir 2-3 minute tot verlep.
5. Bedien warm.

Voedingswaardes per porsie:

Kalorieë: 254

Totale vet: 18g

Netto koolhidrate: 8g

Proteïene: 11g

Vesel: 2g

Klapper Tamatiesop

Voorbereidingstyd: 10 MIN

Bediening: 4

Bestanddele:

- 1 blikkie klappermelk
- 1 medium rooi ui (in blokkies gesny)
- 6 Roma-tamaties (in kwarte)
- ¼ koppie korianderblare (gekap)
- 1 teelepel Knoffel (gemaalde)
- 1 tl gemmer (fyn gekap)
- 1 tl Sout
- ½ teelepel rooipeper
- 1 tl borrie
- 1 eetlepel. Agave nektar

Aanwysings:

1. Plaas al die bestanddele in die Instant Pot en roer om te kombineer.
2. Plaas en sluit die deksel en stel die gaarmaaktyd met die hand op 5 minute onder hoë druk.
3. Laat die druk natuurlik vir 10 minute los, laat dit dan vinnig los.
4. Meng die sop met 'n staafmenger tot glad.
5. Bedien warm.

Voedingswaardes per porsie:

Kalorieë: 157

Totale vette: 12g

Netto koolhidrate: 10g

Proteïene: 2g

Vesel: 2g

Romerige hoendersop

Voorbereidingstyd: 10 MIN

Bediening: 4

Bestanddele:

- 1 medium ui
- 6 knoffelhuisies
- 1 ons gemmer
- 1 koppie klappermelk
- 10 oz Ro-Tel ingemaakte tamatie en soetrissies
- 1 eetlepel. Gepoeierde hoenderbouillon basis
- 1 tl gemaalde borrie
- 1 pond ontbeende hoenderdye (in 1½ duim stukke gesny)
- 1½ koppies seldery (gekap)
- 2 koppies chard (gekap)

Aanwysings:

1. Plaas die ui, knoffel, gemmer, tamaties en brandrissies, borrie, aftrekselbasis en 'n halwe koppie klappermelk in 'n voedselverwerker en meng tot glad.
2. Plaas oor na die kitspot en voeg hoender, seldery en snybyt by.
3. Plaas en sluit die deksel en stel die gaarmaaktyd met die hand op 5 minute onder hoë druk.

4. Wanneer dit gereed is, laat die druk natuurlik vir 10 minute los en laat dit dan vinnig los.
5. Voeg die oorblywende 1/2 koppie klappermelk by, roer en bedien.

Voedingswaardes per porsie:

Kalorieë: 405

Totale vette: 31g

Netto koolhidrate: 9g

Proteïene: 21g

Vesel: 2g

Ham en boontjiesop

Voorbereidingstyd: 35 MIN

Bediening: 6

Bestanddele:

- 1 koppie gedroogde swart sojabone (oornag geweek en gedreineer)
- 1 koppie ui (in blokkies gesny)
- 1 koppie selderystokkies (in blokkies gesny)
- 4 knoffelhuisies (gemaalde
- 1 tl gedroogde origanum
- 1 tl Sout
- 1 tl Cajun-geursel
- 1 tl vloeibare rook
- 2 tl Tony Chachere se alledaagse geurmiddels
- 1 tl Louisiana warm sous
- 2 Ham Hocks
- 2 koppies ham (in blokkies gesny)
- 2 koppies water

Aanwysings:

1. Plaas al die bestanddele in die Instant Pot en roer om te kombineer.
2. Plaas en sluit die deksel en stel die gaarmaaktyd met die hand op 30 minute onder hoë druk.

3. Wanneer dit gereed is, laat die druk natuurlik vir 10 minute los en laat dit dan vinnig los.
4. Verwyder die vleis van die been en versnipper al die vleis, gooi die bene weg.
5. Roer om te kombineer en bedien warm.

Voedingswaardes per porsie:

Kalorieë: 269

Totale vette: 14g

Netto koolhidrate: 10g

Proteïene: 21g

Vesel: 3g

Hoender sampioen sop

Voorbereidingstyd: 10 MIN

Bediening: 4

Bestanddele:

- 1 medium ui (in dun ribbetjies gesny)
- 3 knoffelhuisies (gemaalde
- 2 koppies sampioene (in skywe gesny)
- 1 klein geel pampoen (gekap)
- 1 pond hoenderborsie (velloos, in 2-duim-stukke gesny)
- 2½ koppies hoenderbouillon
- 1 tl Sout
- 1 tl gemaalde swartpeper
- 1 tl Italiaanse geurmiddels

Aanwysings:

1. Plaas al die bestanddele in die Instant Pot.
2. Plaas en sluit die deksel en stel die gaarmaaktyd met die hand op 15 minute onder hoë druk.
3. Wanneer dit gereed is, laat die druk natuurlik vir 10 minute los en laat dit dan vinnig los.
4. Haal die hoender uit die pan en maak die groente grof puree met 'n staafmenger.
5. Sny die hoender met 'n vurk en sit terug in die pan.

6. Roer om te kombineer en bedien.

Voedingswaardes per porsie:

Kalorieë: 289

Totale vette: 15g

Netto koolhidrate: 8g

Proteïene: 30g

Vesel: 1g

Hoenderkoolsop

Voorbereidingstyd: 5 MIN

Bediening: 4

Bestanddele:

- 2 koppies hoenderborsie (gaar)
- 12 oz boerenkool (bevrore)
- 1 medium ui (in blokkies gesny)
- 4 koppies hoenderaftreksel
- ½ tl kaneel
- 1 knippie gemaalde naeltjies
- 2 t knoffel (gekap)
- 1 tl gemaalde swartpeper
- 1 tl Sout

Aanwysings:

1. Plaas al die bestanddele in die Instant Pot.
2. Plaas en sluit die deksel en stel die gaarmaaktyd met die hand op 5 minute onder hoë druk.
3. Wanneer dit gereed is, laat die druk natuurlik vir 10 minute los en laat dit dan vinnig los.
4. Pas geurmiddels aan indien nodig en bedien warm.

Voedingswaardes per porsie:

Kalorieë: 143

Totale vette: 2g

Netto koolhidrate: 4g

Proteïene: 23g

Vesel: 0g

Italiaanse worsboetkoolsop

Voorbereidingstyd: 5 MIN

Bediening: 6

Bestanddele:

- 1 pond warm Italiaanse worsvulsel
- 1 koppie ui in blokkies gesny
- 6 knoffelhuisies fyn gekap
- 12 oz blomkool gevries
- 12 oz boerenkool gevries
- 3 koppies water
- ½ koppie swaar room
- ½ koppie Parmesaankaas gerasper

Aanwysings:

1. Stel die Instant Pot op "Soteer"
2. Stel jou drukkoker op Soteer. Voeg die Italiaanse worsvulsel by en verbruin liggies, terwyl aanhoudend geroer word om die stukke op te breek, vir 2 minute.
3. Voeg die uie en knoffel by en meng goed om te meng.
4. Voeg die blomkool, boerenkool en drie koppies water by.
5. Plaas en sluit die deksel en stel die kooktyd met die hand op 3 minute onder hoë druk.

6. Wanneer jy gereed is, laat die druk natuurlik los en laat dit dan vinnig los.
7. Roer die room stadig by.
8. Sit voor besprinkel met Parmesaankaas.

Voedingswaardes per porsie:

Kalorieë: 400

Totale vette: 33g

Netto koolhidrate: 7g

Proteïene: 16g

Vesel: 1g

Kekerertjiesop met groente

Voorbereidingstyd: 6 MIN

Bediening: 6

Bestanddele:

- 4 koppies Prei (dun skywe gesny
- 1 koppie selderystokkies (in skywe gesny)
- 15 oz kekerertjies (ingemaakte
- 8 koppies Rainbow Chard (gekap)
- 1 eetlepel. Knoffel (gemaalde)
- 1 tl gedroogde origanum
- 1 tl Sout
- 2 tl gemaalde swartpeper
- 2 koppies Groentebouillon
- 2 koppies Straightneck Squash (in 1-duim blokkies gesny)
- ¼ koppie pietersielie (gekap)
- 6 eetlepels. parmesaankaas (gerasper)

Aanwysings:

1. Plaas die preie, seldery, keker-ertjies, snybyt, knoffel, origanum, sout, peper en groenteaftreksel in die kitspot. Roer om te kombineer.
2. Plaas en sluit die deksel en stel die kooktyd met die hand op 3 minute onder hoë druk.

3. Wanneer jy gereed is, laat vinnig die druk los.
4. Stel die Instant Pot op "Soteer" en voeg die stampmielies en pietersielie by. Roer om te kombineer en kook vir nog 3 minute.
5. Sit voor besprinkel met Parmesaankaas.

Voedingswaardes per porsie:

Kalorieë: 142

Totale vette: 14g

Netto koolhidrate: 14g

Proteïene: 6g

Vesel: 5g

Kaas frikkadellesop

Voorbereidingstyd: 5-10 MIN

Bediening: 12

Bestanddele:

- 1 pond maer beesvleis
- 1 eier
- ¼ koppie LC Breading & Crusting Mengsel
- 1 tl Sout
- 1 tl origanum
- 1 eetlepel. Pietersieliemaalvleis
- ½ tl Knoffelpoeier
- ½ tl gemaalde swartpeper
- Vir die voorraad
- 2 koppies Beesvleis sous
- ½ medium groen soetrissie in blokkies gesny
- ½ medium rooi soetrissie in blokkies gesny
- 1 selderystingel, in blokkies gesny
- ½ koppie rooi ui in blokkies gesny
- 5 groot sampioene, in blokkies gesny
- Kaas sous:
- 4 eetlepels. Water
- 4 eetlepels. Dik room
- 4 eetlepels. Botter

- 8 snye Amerikaanse kaas

Aanwysings:

1. Plaas die beesvleis, eier, paneermengsel, sout, origanum, pietersielie, knoffel en peper in 'n bak en roer om te kombineer. Vorm 2-duim balletjies en hou eenkant.
2. Voeg die beesvleisaftreksel, groen en rooi soetrissies, seldery, uie en sampioene by die kitspot en roer om te kombineer.
3. Plaas die frikkadelle in die sous.
4. Plaas en sluit die deksel en stel die gaarmaaktyd met die hand op 10 minute.
5. Wanneer 3 minute op die timer oor is, kombineer die water, room, botter en Amerikaanse kaas in 'n mikrogolf-veilige bak.
6. Mikrogolf die kaassous vir 2-3 minute tot gemeng, roer elke 30 sekondes.
7. Verlaat die druk vinnig en roer die kaassous by.
8. Bedien warm.

Voedingswaardes per porsie:

Kalorieë: 419

Totale vette: 32g

Netto koolhidrate: 3,7 g

Proteïene: 27g

Vesel: 2g

Clam Chowder

Voorbereidingstyd: 15 MIN

Bediening: 8

Bestanddele:

- 16 snye spek in blokkies
- 1 koppie ui (in blokkies gesny)
- 1 koppie Selderystingels in blokkies gesny
- 2 blikkies Fancy Whole Baby Clams
- 2 koppies hoenderbouillon
- 2 koppies swaar room
- 1 tl tiemie
- 1 tl Sout
- 1 tl gemaalde swartpeper

Aanwysings:

1. Stel die Instant Pot op "Soteer" en voeg spek by. Kook tot bros, sowat 6-7 minute.
2. Voeg die ui en seldery by en kook tot sag vir 2-3 minute, roer af en toe.
3. Voeg al die oorblywende bestanddele by en roer om te kombineer.
4. Plaas en sluit die deksel en stel die gaarmaaktyd met die hand op 5 minute onder hoë druk.
5. Wanneer jy gereed is, laat vinnig die druk los.

6. Bedien warm.

Voedingswaardes per porsie:

Kalorieë: 427

Totale vette: 33g

Netto koolhidrate: 5g

Proteïene: 27g

Vesel: 0g

Wors Spek en Sampioen Chowder

Voorbereidingstyd: 5-10 MIN

Bediening: 14

Bestanddele:

- 4 koppies hoenderaftreksel
- 2 koppies swaar room
- 2 koppies sampioene (in skywe gesny)
- 2 koppies gemaalde wors (gaar)
- 6 snye spek (gebraai en verkrummel
- 1 koppie Daikon Radyse (in blokkies gesny)
- ½ koppie ui (in blokkies gesny)
- ½ koppie rooi soetrissie (in blokkies gesny)
- ½ koppie Parmesaankaas
- 1 eetlepel. Gedroogde pietersielieblare
- 1 tl Knoffelpoeier
- 1 tl Sout
- 1 tl gemaalde swartpeper
- ½ tl tiemie

Aanwysings:

1. Plaas al die bestanddele in die Instant Pot.
2. Plaas en sluit die deksel en stel die gaarmaaktyd met die hand op 5 minute onder hoë druk.
3. Wanneer jy gereed is, laat vinnig die druk los.
4. Bedien warm.

Voedingswaardes per porsie:

Kalorieë: 316

Totale vette: 33g

Netto koolhidrate: 3g

Proteïene: 14g

Vesel: 1g

Turkye en Daikon Chowder

Voorbereidingstyd: 5-10 MIN

Bediening: 12

Bestanddele:

- 1 pond maer gemaalde kalkoen (gekook, gedreineer en verkrummel
- 3 koppies Daikon Radyse (in blokkies gesny)
- 10 koppies hoenderaftreksel
- 2 koppies swaar room
- 2 koppies Mozzarella (gesnipper)
- 4 koppies Antipasto Trail Mix
- 1 eetlepel. Gedroogde pietersielieblare
- 1 eetlepel. Gedroogde grasuie
- 1 tl Sout
- 1 tl gemaalde swartpeper
- 1 tl Knoffelpoeier

Aanwysings:

1. Plaas al die bestanddele in die Instant Pot.
2. Plaas en sluit die deksel en stel die gaarmaaktyd met die hand op 5 minute onder hoë druk.
3. Wanneer jy gereed is, laat vinnig die druk los.
4. Bedien warm.

Voedingswaardes per porsie:

Kalorieë: 232

Totale vette: 9,1 g

Netto koolhidrate: 5,1 g

Proteïene: 13,2g

Vesel: 2,4g

Vark en groente sous resep

Voorbereidingstyd:: 66 minute

Porsies: 8

Bestanddele:

- 2 pond geweide varkbene
- 1/2 koppie wortels; maalvleis.
- 1/2 koppie soetrissie
- 1/2 teelepel. heel swartpeperkorrels
- 8 koppies water
- 1 teelepel. gedroogde lourierblaar
- 1 takkie vars pietersielie
- 1/2 koppie groen uie; maalvleis.
- 1 selderystingel; in derdes gesny
- 1 klein ui; ontskil en gehalveer
- 1 teelepel. kosher sout

Aanwysings:

1. Gooi die water in die kitspot.
2. Voeg al die bestanddele by die water. Maak die kitspotdeksel toe en draai die drukontlastinghandvatsel na die *verseëlde* posisie.
3. Kies die *Handleiding*-funksie; stel op hoë druk en stel die timer vir 20 minute

4. Wanneer dit piep; *Natuurlik Los* die stoom vir 10 minute en maak die kitspotdeksel oop
5. Syg die voorbereide aftreksel deur 'n sif en gooi enige vaste stowwe weg, skuur enige oppervlakvet af en bedien warm.

Hoenderaftreksel resep

Voorbereidingstyd: 66 minute

Porsies: 8

Bestanddele:

- 2½ pond. hoender karkas
- 1/2 teelepel. heel swartpeperkorrels
- 10 koppies water
- 1 takkie vars pietersielie
- 1 selderystingel; in derdes gesny
- 1 klein ui; ontskil en gehalveer
- 1 teelepel. gedroogde lourierblaar
- 1 teelepel. kosher sout

Aanwysings:

1. Gooi die water in die kitspot.
2. Voeg al die bestanddele by die water
3. Maak die deksel vas. Draai die drukverligtingshandvatsel na die *verseëlde* posisie.
4. Kies die *Handleiding*-funksie. Stel op hoë druk en stel die tyd op 60 minute
5. Wanneer dit piep; *Natuurlik Los* die stoom vir 10 minute en maak die kitspot se deksel oop.
6. Syg die voorbereide aftreksel deur 'n sif, gooi enige vaste stowwe weg, verwyder enige oppervlakvette en bedien warm.

Fantastiese piesangnagereg

Voorbereidingstyd: 10 minute

Gaarmaaktyd: 30 minute

Porsies: 4

Bestanddele:

- Sap van ½ suurlemoen
- 2 eetlepels stevia
- 3 onse water
- 1 eetlepel klapperolie
- 4 piesangs, geskil en in skywe gesny
- ½ teelepel kardemomsade

Aanwysings:

1. Gooi piesangs, stevia, water, olie, suurlemoensap en kardemom in jou kitspot, roer bietjie, bedek en kook op High vir 30 minute terwyl jy die pot van tyd tot tyd skud.
2. Verdeel tussen bakkies en bedien.
3. Lekker!

Voedingswaardes per porsie: kalorieë 87, vet 1, vesel 2, koolhidrate 3, proteïen 3

Rabarbernagereg

Voorbereidingstyd: 10 minute

Gaarmaaktyd: 5 minute

Porsies: 4

Bestanddele:

- 5 koppies rabarber, gekap
- 2 eetlepels ghee, gesmelt
- 1/3 koppie water
- 1 eetlepel stevia
- 1 teelepel vanielje-ekstrak

Aanwysings:

1. Voeg rabarber, ghee, water, stevia en vanielje-ekstrak by jou kitspot, bedek en kook op Hoog vir 5 minute.
2. Verdeel in klein bakkies en bedien koud.
3. Lekker!

Voedingswaardes per porsie: kalorieë 83, vet 2, vesel 1, koolhidrate 2, proteïen 2

Pruim Verrukking

Voorbereidingstyd: 10 minute

Gaarmaaktyd: 5 minute

Porsies: 10

Bestanddele:

- 4 pond pruimedante, klippe verwyder en gekap
- 1 koppie water
- 2 eetlepels stevia
- 1 tl kaneelpoeier
- ½ teelepel kardemom, gemaal

Aanwysings:

1. Voeg pruimedante, water, stevia, kaneel en kardemom by jou kitspot, bedek en kook op Hoog vir 5 minute.
2. Roer goed, pols 'n bietjie met 'n staafmenger, verdeel in klein flesse en bedien.
3. Lekker!

Voedingswaardes per porsie: Kalorieë 83, Vet 0, Vesel 1, Koolhidrate 2, Proteïen 5

Verfrissende Vrugtegereg

Voorbereidingstyd: 10 minute

Gaarmaaktyd: 10 minute

Porsies: 4

Bestanddele:

- 1 en ½ pond pruime, klippe verwyder en gehalveer
- 2 eetlepels stevia
- 1 eetlepel kaneelpoeier
- 2 appels, ontpit, geskil en in wiggies gesny
- 2 eetlepels suurlemoenskil, gerasper
- 2 teelepels balsamiese asyn
- 1 koppie warm water

Aanwysings:

- Voeg pruimedante, water, appels, stevia, kaneel, suurlemoenskil en asyn by jou kitspot, bedek en kook op Hoog vir 10 minute.
- Roer weer goed, verdeel in klein koppies en sit koud voor.

Voedingswaardes per porsie: Kalorieë 73, Vet 0, Vesel 1, Koolhidrate 2, Proteïen 4

Nageregbredie

Voorbereidingstyd: 10 minute

Gaarmaaktyd: 6 minute

Porsies: 6

Bestanddele:

- 14 pruime, klippe verwyder en gehalveer
- 2 eetlepels stevia
- 1 teelepel kaneelpoeier
- ¼ koppie water

- 2 eetlepels pylwortelpoeier

Aanwysings:

1. Voeg pruimedante, stevia, kaneel, water en pylwortel by jou kitspot, bedek en kook op Hoog vir 6 minute.
2. Verdeel in klein flesse en bedien koud.
3. Lekker!

Voedingswaardes per porsie: Kaloriee 83, Vet 0, Vesel 1, Koolhidrate 2, Proteïen 2

Oorspronklike vrugtenagereg

Voorbereidingstyd: 10 minute

Gaarmaaktyd: 10 minute

Porsies: 10

Bestanddele:

- 3 koppies ingemaakte pynappelstukke, gedreineer
- 3 koppies ingemaakte kersies, gedreineer
- 2 koppies ingemaakte appelkose, gehalveer en gedreineer
- 2 koppies ingemaakte perskeskywe, gedreineer
- 3 koppies natuurlike appelmoes
- 2 koppies ingemaakte mandaryne, gedreineer
- 2 eetlepels stevia
- 1 teelepel kaneelpoeier

Aanwysings:

1. Voeg pynappel, kersies, appelkose, perskes, appelmoes, lemoene, kaneel en stevia by jou kitspot, bedek en kook op Hoog vir 10 minute.
2. Verdeel in klein bakkies en bedien koud.
3. Lekker!

Voedingswaardes per porsie: kalorieë 120, vet 1, vesel 2, koolhidrate 3, proteïen 2

Heerlike appels en kaneel

Voorbereidingstyd: 10 minute

Gaarmaaktyd: 10 minute

Porsies: 8

Bestanddele:

- 1 teelepel kaneelpoeier
- 12 onse appels, ontkern en gekap
- 2 eetlepels vlasaadmeel gemeng met 1 eetlepel water
- ½ koppie klapperroom
- 3 eetlepels stevia
- ½ teelepel neutmuskaat
- 2 teelepels vanielje-ekstrak
- 1/3 koppie pekanneute, gekap

Aanwysings:

1. In jou kitspot, meng vlasaadmeel met klapperroom, vanielje, neutmuskaat, stevia, appels en kaneel, roer bietjie, bedek en kook op Hoog vir 10 minute.
2. Verdeel tussen bakkies, sprinkel pekanneute oor en bedien.
3. Lekker!

Voedingswaardes per porsie: kalorieë 120, vet 3, vesel 2, koolhidrate 3, proteïen 3

Mal Lekker Poeding

Voorbereidingstyd: 10 minute

Gaarmaaktyd: 35 minute

Porsies: 6

Bestanddele:

- 1 mandaryn, in skywe gesny
- Sap van 2 mandaryne
- 3 eetlepels stevia
- 4 onse ghee, gesmelt
- ½ koppie water
- 2 eetlepels vlasmeel
- ¾ koppie klappermeel
- 1 teelepel bakpoeier
- ¾ koppie amandels, gemaal

- Olyfolie kooksproei

Aanwysings:

1. Smeer 'n koekpan, plaas die gesnyde mandaryn op die bodem en hou eenkant.
2. Meng ghee in 'n bak met stevia, lynsaad, amandels, mandarynsap, meel en bakpoeier, roer en verdeel oor die mandarynskywe.
3. Voeg die water by jou kitspot, plaas die trivet bo-op, voeg die broodpan by, bedek en kook op High vir 35 minute.
4. Laat eenkant om af te koel, sny dan in skywe en bedien.
5. Lekker!

Voedingswaardes per porsie: kalorieë 200, vet 2, vesel 2, koolhidrate 3, proteïen 4

Heerlike Bessiepoeding

Voorbereidingstyd: 10 minute

Gaarmaaktyd: 35 minute

Porsies: 6

Bestanddele:

- 1 koppie amandelmeel
- 2 eetlepels suurlemoensap
- 2 koppies bloubessies
- 2 teelepels bakpoeier
- ½ teelepel neutmuskaat, gemaal
- ½ koppie klappermelk
- 3 eetlepels stevia
- 1 eetlepel vlasmeel gemeng met 1 eetlepel water
- 3 eetlepels ghee, gesmelt
- 1 teelepel vanielje-ekstrak
- 1 eetlepel pylwortelpoeier
- 1 koppie koue water

Aanwysings:

- Meng bloubessies en suurlemoensap in 'n gesmeerde hittebestande bak, gooi 'n bietjie en smeer oor die basis.
- Meng meel in 'n bak met neutmuskaat, stevia, bakpoeier, vanielje, ghee, lynsaadmeel, pylwortel en melk, roer weer goed en verdeel oor die bloubessies.
- Gooi die water in jou kitspot, voeg die trivet en hittebestande bak by, bedek en kook op High vir 35 minute.
- Laat die poeding afkoel, sit oor na nageregbakkies en bedien.
- Lekker!

Voedingswaardes per porsie: kalorieë 220, vet 4, vesel 4, koolhidrate 9, proteïen 6

Wintervrugte-nagereg

Voorbereidingstyd: 10 minute

Gaarmaaktyd: 15 minute

Porsies: 6

Bestanddele:

- 1 liter water
- 2 eetlepels stevia
- 1 pond gemengde appels, pere en bosbessies
- 5 ster anys
- 'n Knippie naeltjies, gemaal
- 2 kaneelstokkies
- Skil van 1 lemoen, gerasper
- Skil van 1 suurlemoen, gerasper

Aanwysings:

1. Voeg die water, stevia, appels, pere, bosbessies, steranys, kaneel, lemoen- en suurlemoenskil en naeltjies by jou kitspot, bedek en kook op Hoog vir 15 minute.
2. Bedien koud.
3. Lekker!

Voedingswaardes per porsie: Kalorieë 98, Vet 0, Vesel 0, Koolhidrate 0, Proteïen 2

Ander nagereg

Voorbereidingstyd: 10 minute

Gaarmaaktyd: 4 minute

Porsies: 2

Bestanddele:

- 2 koppies lemoensap
- 4 pere, geskil, ontpit en in medium stukke gesny
- 5 kardemom peule
- 2 eetlepels stevia
- 1 kaneelstokkie
- 1 klein stukkie gemmer, gerasper

Aanwysings:

1. Voeg pere, kardemom, lemoensap, stevia, kaneel en gemmer by jou kitspot, bedek en kook op Hoog vir 4 minute.
2. Verdeel in klein bakkies en bedien koud.
3. Lekker!

Voedingswaardes per porsie: kalorieë 100, vet 0, vesel 1, koolhidrate 1, proteïen 2

Oranje Nagereg

Voorbereidingstyd: 10 minute

Gaarmaaktyd: 30 minute

Porsies: 4

Bestanddele:

- 1 en ¾ koppie water
- 1 teelepel bakpoeier
- 1 koppie klappermeel
- 2 eetlepels stevia
- ½ tl kaneelpoeier
- 3 eetlepels klapperolie, gesmelt
- ½ koppie klappermelk
- ½ koppie pekanneute, gekap
- ½ koppie rosyne
- ½ koppie lemoenskil, gerasper
- ¾ koppie lemoensap

Aanwysings:

1. In 'n bak, kombineer meel met stevia, koeksoda, kaneel, 2 eetlepels olie, melk, pekanneute en rosyne, roer en sit oor na 'n gesmeerde hittebestande bak.
2. Verhit 'n klein kastrol oor matige hitte, meng ¾ koppie water met lemoensap, lemoenskil en die res van die olie, roer, bring tot kookpunt en giet die pekanneutmengsel oor.
3. Gooi 1 koppie water in jou kitspot, voeg die coaster by, voeg die hittebestande bak by, bedek en kook op High vir 30 minute.
4. Bedien koud.
5. Lekker!

Voedingswaardes per porsie: kalorieë 142, vet 3, vesel 1, koolhidrate 3, proteïen 3

Heerlike pampoennagereg

Voorbereidingstyd: 10 minute

Gaarmaaktyd: 30 minute

Porsies: 10

Bestanddele:

- 1 en ½ tl koeksoda
- 2 koppies klappermeel
- ½ teelepel bakpoeier
- ¼ teelepel neutmuskaat, gemaal
- 1 teelepel kaneelpoeier
- ¼ teelepel gemmer, gerasper
- 1 eetlepel klapperolie, gesmelt
- 1 eierwit
- 1 eetlepel vanielje-ekstrak
- 1 koppie pampoenpuree
- 2 eetlepels stevia
- 1 teelepel suurlemoensap
- 1 koppie water

Aanwysings:

1. Meng meel in 'n bak met bakpoeier, bakpoeier, kaneel, gemmer, neutmuskaat, olie, eierwit, ghee, vanielje-uittreksel, pampoenpuree, stevia en suurlemoensap en plaas dit in 'n gesmeerde koekpan.
2. Gooi die water in jou kitspot, voeg die koekie by, voeg die koekpan by, bedek en kook op Hoog vir 30 minute.
3. Laat die koek afkoel, sny in skywe en bedien.
4. Lekker!

Voedingswaardes per porsie: kalorieë 180, vet 3, vesel 2, koolhidrate 3, proteïen 4

Heerlike gebakte appels

Porsies: 6

Gaarmaaktyd: 14 minute

Bestanddele:

- 6 appels, ontpit en in skywe gesny
- ¼ tl neutmuskaat
- 1 tl kaneel
- 1/3 koppie heuning
- 1 koppie rooiwyn
- ¼ koppie pekanneute, gekap
- ¼ koppie rosyne

Aanwysings:

1. Voeg al die bestanddele by die kitspot en roer goed.
2. Maak die pot toe met 'n deksel en kook vir 4 minute op handmodus.
3. Laat die druk natuurlik vir 10 minute los en laat dan met die vinnige vrystelling metode los.
4. Roer goed en bedien.

Voedingswaardes per porsie:

Kalorieë: 233; Koolhidrate: 52,7g; Proteïen: 1g; Vet: 1,3g; Suiker: 42,6g; Natrium: 5mg

Vogtige pampoenbruintjie

Porsies: 16

Gaarmaaktyd: 40 minute

Bestanddele:

- 3 eiers
- 1 tl pampoentert speserye
- ¾ koppie kakaopoeier
- ¼ koppie palmsuiker
- ¼ koppie esdoringstroop
- ½ koppie pampoenpuree
- ¼ koppie klapperolie
- N knippie sout

Aanwysings:

1. Spuit die oondbak met kooksproei en hou eenkant.
2. Voeg al die bestanddele by 'n groot bak en roer goed om te kombineer. Gooi die beslag in die voorbereide oondbak.
3. Gooi 1 koppie water in die kitspot en plaas die trivet in die pot.
4. Plaas 'n oondbak bo-op die koekie.
5. Maak die pot toe met 'n deksel en kook op die hoogste stand vir 40 minute.
6. Maak die druk los deur die vinnige vrystellingsmetode te gebruik en maak dan die deksel oop.
7. Haal die gereg uit die pot en sit eenkant om heeltemal af te koel.
8. Sny in stukke en bedien.

Voedingswaardes per porsie:
Kalorieë: 77; Koolhidrate: 9,3g; Proteïen: 1,9 g; Vet: 4,8g; Suiker: 5,6g; Natrium: 32mg

Suurlemoenvla

Porsies: 4

Gaarmaaktyd: 11 minute

Bestanddele:

- 4 eiers
- 1 tl suurlemoen uittreksel
- 2/3 koppie suiker
- 2 tl suurlemoenskil
- 2½ koppies melk

Aanwysings:

1. Voeg suurlemoenskil en melk in 'n kastrol by en verhit oor matige hitte. Bring tot kookpunt en roer aanhoudend.
2. Sodra die melk begin kook, verwyder dit van die hitte. Plaas eenkant om vir 15 minute af te koel.
3. Gooi die melk deur 'n sif in 'n bak.
4. In 'n ander bak, klits die eiers en suurlemoenekstrak vir 2-3 minute.
5. Gooi melk stadig by die eiermengsel en meng tot glad en romerig.
6. Gooi die mengsel in die 4 ramekins en bedek met foelie.
7. Gooi 2 koppies water in die kitspot en plaas die trivet in die pot.

8. Plaas die vormpies op die coaster.
9. Maak die pot toe met 'n deksel en kook vir 8 minute op hoë hitte.
10. Maak die druk los deur die vinnige vrystellingsmetode te gebruik en maak dan die deksel oop.
11. Verwyder die ramekins uit die pan en sit eenkant om heeltemal af te koel.
12. Plaas die vlavormpies vir 2 uur in die yskas.
13. Bedien verkoel en geniet.

Voedingswaardes per porsie:

Kalorieë: 268; Koolhidrate: 41,5g; Proteïen: 10,6g; Vet: 7,5g; Suiker: 40,7g; Natrium: 134mg

Pampoenpoeding

Porsies: 4

Gaarmaaktyd: 14 minute

Bestanddele:

- 4 koppies pampoen, in blokkies gesny
- 1 eetl rosyne
- ½ tl kardemompoeier
- ½ koppie gedroogde klapper
- 10 eetlepels bruinsuiker
- ½ koppie amandelmelk
- 2 eetlepels ghee

Aanwysings:

1. Voeg ghee by die kitspot en stel die pot in soteermodus.
2. Voeg die pampoen by en kook vir 2-3 minute. Voeg amandelmelk by en roer goed.
3. Maak die pot toe met 'n deksel en kook vir 5 minute op hoë hitte.
4. Maak die druk los deur die vinnige vrystellingsmetode te gebruik en maak dan die deksel oop.
5. Druk die pampoen fyn met die aartappeldrukker.
6. Voeg suiker by en kook in soteermodus vir 2-3 minute.
7. Voeg die oorblywende bestanddele by en roer goed om te kombineer en kook vir 2-3 minute.
8. Bedien warm en geniet.

Voedingswaardes per porsie:

Kalorieë: 301; Koolhidrate: 14,2g; Proteïen: 3,5g; Vet: 14,2g; Suiker: 32,3g; Natrium: 23mg

Maklike jogurtvla

Porsies: 6

Gaarmaaktyd: 40 minute

Bestanddele:

- 1 koppie Griekse jogurt
- 2 tl kardemompoeier
- 1 koppie melk
- 1 koppie kondensmelk

Aanwysings:

1. Voeg al die bestanddele by die hittebestande bak en meng tot goed gemeng. Bedek die bak met foelie.
2. Gooi 2 koppies water in die kitspot en plaas die trivet in die pot.
3. Plaas die bak op die coaster. Maak die pot toe met 'n deksel en kook vir 20 minute op hoë hitte.
4. Laat die druk toe om natuurlik vir 20 minute los te maak en los dan met die vinnige vrystelling metode.
5. Haal die bak uit die pot en sit eenkant om heeltemal af te koel.
6. Verkoel die vlabak vir 1 uur.
7. Bedien verkoel en geniet.

Voedingswaardes per porsie:

Kalorieë: 215; Koolhidrate: 33,1g; Proteïen: 7,8g; Vet: 5,8g; Suiker: 32,4g; Natrium: 113mg

Courgettepoeding

Porsies: 4

Gaarmaaktyd: 20 minute

Bestanddele:

- 2 koppies zucchini, gesnipper
- ½ tl kardemompoeier
- 1/3 koppie suiker
- 5 oz half en half
- 5 onse melk

Aanwysings:

1. Voeg al die bestanddele behalwe kardemom by die kitspot en roer goed.
2. Maak die pot toe met 'n deksel en kook oor hoë hitte vir 10 minute.
3. Laat die druk natuurlik vir 10 minute los en laat dan met die vinnige vrystelling metode los.
4. Voeg kardemom by en roer goed.
5. Bedien en geniet.

Voedingswaardes per porsie:

Kalorieë: 136; Koolhidrate: 22g; Proteïen: 2,9 g; Vet: 4,9 g; Suiker: 19,3g; Natrium: 37mg

Heerlike Pina Colada

Porsies: 8

Gaarmaaktyd: 12 minute

Bestanddele:

- 1 koppie Arborio rys
- 1 eetl kaneel
- 5 oz blikkie pynappel, fyngedruk
- oz klappermelk
- 1 koppie kondensmelk
- 1½ koppies water

Aanwysings:

1. Voeg rys en water by die kitspot en roer goed.
2. Maak die pot toe met 'n deksel en kook op laag vir 12 minute.
3. Maak die druk los deur die vinnige vrystellingsmetode te gebruik en maak dan die deksel oop.
4. Voeg die res van die bestanddele by en roer goed.
5. Bedien en geniet.

Voedingswaardes per porsie:

Kalorieë: 330; Koolhidrate: 45,4g; Proteïen: 5,8g; Vet: 14,9g; Suiker: 24,2g; Natrium: 59mg

Appel Karamel Koek

Porsies: 8

Gaarmaaktyd: 35 minute

Bestanddele:

- 21 oz appelvrugvulsel
- ¼ koppie karamelstroop
- ½ koppie botter, in skywe gesny
- 15 oz geelkoekmengsel

Aanwysings:

1. Spuit die oondbak met kooksproei. Smeer die appelvrugvulsel op die bodem van die oondbak.
2. Voeg karamelstroop by en roer om te bedek.
3. Top met geelkoekmengsel en botterskywe.
4. Gooi 1 koppie water in die kitspot en plaas die trivet in die pot.
5. Plaas 'n oondbak bo-op die koekie.
6. Maak die pan toe met 'n deksel en kook vir 35 minute op hoë hitte.
7. Maak die druk los deur die vinnige vrystellingsmetode te gebruik en maak dan die deksel oop.
8. Bedien en geniet.

Voedingswaardes per porsie:

Kalorieë: 357; Koolhidrate: 57g; Proteïen: 2g; Vet: 13g; Suiker: 28g; Natrium: 596mg

Appel Ryspoeding

Porsies: 8

Gaarmaaktyd: 15 minute

Bestanddele:

- ¾ koppie Arborio-rys
- 1 tl kaneel
- 1 kaneelstokkie
- 1 tl vanielje
- ¼ appel, geskil en gekap
- 2 rabarberstingels, fyn gekap
- ½ koppie water
- 1 koppie melk

Aanwysings:

1. Voeg al die bestanddele by die kitspot en roer goed.
2. Maak die pot toe met 'n deksel en kook vir 15 minute op handmodus.
3. Maak die druk los deur die vinnige vrystellingsmetode te gebruik en maak dan die deksel oop.
4. Roer goed en bedien.

Voedingswaardes per porsie:

Kalorieë: 96; Koolhidrate: 18,3g; Proteïen: 2,8g; Vet: 1,1g; Suiker: 3g; Natrium: 24mg

Vegan Kokos Risotto Poeding

Porsies: 6

Gaarmaaktyd: 30 minute

Bestanddele:

- ¾ koppie Arborio-rys
- ¼ koppie esdoringstroop
- 1½ koppies water
- ½ koppie gerasperde klapper
- 1 tl suurlemoensap
- ½ tl vanielje
- 15 onse blikkie klappermelk

Aanwysings:

1. Voeg al die bestanddele by die kitspot en roer goed.
2. Maak die pot toe met 'n deksel en kook in handmodus vir 20 minute.
3. Laat die druk natuurlik vir 10 minute los en laat dan met die vinnige vrystelling metode los.
4. Roer goed en gebruik die blender om die poeding glad te maak.
5. Bedien en geniet.

Voedingswaardes per porsie:

Kalorieë: 284; Koolhidrate: 30,8g; Proteïen: 3,3g; Vet: 17,5g; Suiker: 8,3g; Natrium: 15mg

Vanielje Avokadopoeding

Porsies: 2

Gaarmaaktyd: 3 minute

Bestanddele:

- 1/2 avokado, in blokkies gesny
- 1 tl agarpoeier
- 1/4 koppie klapperroom
- 1 koppie klappermelk
- draai 2 tl
- 1 tl vanielje

Aanwysings:

1. Voeg klapperroom en avokado by die blender en meng tot glad. Sit eenkant.
2. In 'n groot bak, klits klappermelk, vanielje, swaai en agarpoeier saam. Roer tot goed gemeng.
3. Voeg die klapperroom en avokadomengsel by en roer goed.
4. Gooi die mengsel in 'n hittebestande bak.
5. Gooi 'n koppie water in die kitspot en plaas dan 'n trivet in die pot.
6. Plaas die bak op die coaster.

7. Maak die pan toe met 'n deksel en kook vir 3 minute op stoom.
8. Maak die druk los deur die vinnige vrystellingsmetode te gebruik en maak dan die deksel oop.
9. Haal die bak uit die pot en sit eenkant om heeltemal af te koel.
10. Plaas die bak vir 1 uur in die yskas.
11. Bedien en geniet.

Voedingswaardes per porsie:

Kalorieë: 308; Koolhidrate: 27,9g; Proteïen: 2,1g; Vet: 21,8g; Suiker: 19,6g; Natrium: 32mg

Vanielje Amandel Risotto

Porsies: 4

Gaarmaaktyd: 15 minute

Bestanddele:

- 1 koppie Arborio rys
- 1 koppie klappermelk
- 2 koppies onversoete amandelmelk
- 1/4 koppie gesnyde amandels
- 2 tl vanielje-ekstrak
- 1/3 koppie suiker

Aanwysings:

1. Voeg amandels en klappermelk by die kitspot en roer goed.
2. Maak die pot toe met 'n deksel en kook vir 5 minute op hoë hitte.
3. Laat die druk natuurlik vir 10 minute los en laat dan met die vinnige vrystelling metode los.
4. Roer vanielje-ekstrak en versoeter by.
5. Bedien en geniet.

Voedingswaardes per porsie:

Kalorieë: 432; Koolhidrate: 60,3g; Proteïen: 6,3g; Vet: 19,3g; Suiker: 19,2g; Natrium: 102mg

Klapper-framboosmelk

Voorbereidingstyd: 20 minute + afkoeltyd

gedeeltes 4

Voedingswaardes per porsie: 334 kalorieë; 32,9 g vet; 6,6 g totale koolhidrate; 2,9 g proteïen; 3,6 g suikers

Bestanddele

- 4 onse klapperolie, versag
- 3/4 koppie Swaai
- 4 eiergele, geklits
- 1/2 koppie bloubessies
- 1 teelepel gerasperde suurlemoenskil
- 1/2 teelepel vanielje-ekstrak
- 1/2 teelepel steranys, gemaal

Aanwysings

1. Meng die klapperolie en Skep dit uit in 'n voedselverwerker.
2. Meng eiers geleidelik by; gaan voort met meng vir nog 1 minuut.
3. Voeg nou bloubessies, suurlemoenskil, vanielje en steranys by. Verdeel die mengsel tussen vier Mason-flesse en bedek dit met deksels.
4. Voeg 1½ koppies water en 'n metaalrak by die kitspot. Laat sak nou jou flesse op die rak.

5. Maak die deksel vas. Kies "Handmatige" modus en Hoë druk; kook vir 15 minute. Sodra kook klaar is, gebruik 'n natuurlike drukverligting; verwyder die deksel versigtig. bedien
6. Verkoel tot gereed om te bedien. Geniet jou ete!

Eenvoudige sjokolademousse

Voorbereidingstyd: 20 minute + afkoeltyd

gedeeltes 6

Voedingswaardes per porsie: 205 kalorieë; 18,3 g vet; 5,2 g totale koolhidrate; 3,2 g proteïen; 2,6 g suikers

Bestanddele

- 1 koppie volmelk
- 1 koppie swaar room
- 4 eiergele, geklits
- 1/3 koppie suiker
- 1/4 teelepel gerasperde neutmuskaat
- 1/4 teelepel gemaalde kaneel
- 1/4 koppie onversoete kakaopoeier

Aanwysings

1. Bring die melk en room in 'n klein kastrol tot kookpunt.
2. Meng die ander bestanddele goed saam in 'n mengbak. Voeg hierdie eiermengsel by die warm melkmengsel.
3. Gooi die mengsel in die vormpies.
4. Voeg 1½ koppies water en 'n metaalrak by die kitspot. Laat sak nou jou ramekins op die rak.
5. Maak die deksel vas. Kies "Handmatige" modus en Hoë druk; kook vir 10 minute. Sodra kook klaar is, gebruik 'n natuurlike drukverligting; verwyder die deksel versigtig. bedien
6. Bedien goed verkoel en geniet!

Die beste tropiese nagereg ooit

Voorbereidingstyd: 15 minute + afkoeltyd

gedeeltes 4

Voedingswaardes per porsie: 118 kalorieë; 8,2g vet; 6,6 g totale koolhidrate; 3,7 g proteïen; 2,6 g suikers

Bestanddele

- 3 eiergele, goed geklits
- 1/3 koppie Swaai
- 1/4 koppie water
- 3 eetlepels kakaopoeier, onversoet
- 3/4 koppie geklopte room
- 1/3 koppie klappermelk
- 1/4 koppie gerasperde klapper
- 1 teelepel vanieljegeursel
- 'n Knippie gerasperde neutmuskaat
- 'n Knippie sout

Aanwysings

1. Gooi die eier in 'n mengbak.
2. Verhit die Swerve, die water en die kakaopoeier in 'n pan en meng goed.
3. Roer nou die geklopte room en melk by; kook tot deurwarm. Voeg gerasperde klapper, vanielje, neutmuskaat en sout by.
4. Gooi nou stadig en geleidelik die sjokolademengsel in die bak met eiergele. Roer goed en gooi in ramekins.
5. Voeg 1½ koppies water en 'n metaalrak by die kitspot. Laat sak nou jou ramekins op die rak.
6. Maak die deksel vas. Kies "Handmatige" modus en Hoë druk; kook 8 minute. Sodra kook klaar is, gebruik 'n vinnige drukvrystelling; verwyder die deksel versigtig.
7. Verkoel tot gereed om te bedien. Geniet jou ete!

Room met amandel en sjokolade

Voorbereidingstyd: 15 minute

gedeeltes 4

Voedingswaardes per porsie: 401 kalorieë; 37,1g vet; 5,2 g totale koolhidrate; 9,1 g proteïen; 1,7 g suikers

Bestanddele

- 2 koppies swaar slagroom
- 1/2 koppie water
- 4 eiers
- 1/3 koppie Swaai
- 1 teelepel amandel uittreksel
- 1 teelepel vanielje-ekstrak
- 1/3 koppie amandels, gemaal
- 2 eetlepels klapperolie, kamertemperatuur
- 4 eetlepels kakaopoeier
- 2 eetlepels gelatien

Aanwysings

1. Begin deur 1½ koppies water en 'n metaalrak by jou Instant Pot te voeg.
2. Meng die room, water, eiers, Swerve, amandelekstrak, vanielje-ekstrak en amandels in jou voedselverwerker.
3. Voeg die oorblywende bestanddele by en verwerk nog 'n minuut.
4. Verdeel mengsel tussen vier Mason-flesse; bedek jou flesse met deksels. Laat sak die flesse op die rak.
5. Maak die deksel vas. Kies "Handmatige" modus en Hoë druk; kook 7 minute. Sodra kook klaar is, gebruik 'n natuurlike drukverligting; verwyder die deksel versigtig. Geniet jou ete!

Kaneelvlaai

Voorbereidingstyd: 15 minute

gedeeltes 6

Voedingswaardes per porsie: 263 kalorieë; 21,2g vet; 3,2 g totale koolhidrate; 10,5 g proteïen; 2,8 g suikers

Bestanddele

- 6 eiers
- 1 koppie Swaai
- 1½ koppies dubbelroom
- 1/2 koppie water
- 3 eetlepels donker rum
- 'n Knippie sout
- 'n Knippie vars gerasperde neutmuskaat
- 1/4 teelepel gemaalde kaneel
- 1 teelepel vanielje-ekstrak

Aanwysings

1. Begin deur 1½ koppies water en 'n metaalrak by jou Instant Pot te voeg.
2. In 'n mengbak, kombineer eiers deeglik en Swerve. Voeg room, water, rum, sout, neutmuskaat, kaneel en vanielje-ekstrak by.
3. Gooi die mengsel in 'n oondbak. Laat sak die gereg op die rooster.
4. Maak die deksel vas. Kies "Handmatige" modus en Hoë druk; kook vir 10 minute. Sodra kook klaar is, gebruik 'n natuurlike drukverligting; verwyder die deksel versigtig.
5. Bedien goed verkoel en geniet!

Lekker onderstebo koek

Voorbereidingstyd: 35 minute

gedeeltes 5

Voedingswaardes per porsie: 193 kalorieë; 17,9 g vet; 5,1 g totale koolhidrate; 1,2 g proteïen; 2,4 g suikers

Bestanddele

- 1/2 pond frambose
- 1½ eetlepel suurlemoensap
- 1 koppie klappermeel
- 2 eetlepels maniokmeel
- 1/2 teelepel bakpoeier
- 1/8 teelepel seesout
- 1/4 koppie klapperolie, gesmelt
- 1 eetlepel monnikvrugpoeier
- 1/2 teelepel gemaalde kaneel
- 1/4 teelepel gerasperde neutmuskaat
- 1/2 teelepel lemoenskil
- 1 teelepel vanieljepasta
- 1½ teelepel gepoeierde agar

Aanwysings

1. Voeg 1½ koppies water en 'n metaalrak by die kitspot.
2. Meng die frambose en suurlemoensap deeglik in 'n mengbak. Strooi frambose oor die bodem van die pan.
3. In 'n ander mengbak, meng die klappermeel, maniokmeel, bakpoeier en seesout deeglik.
4. Meng die klapperolie, monnikvrugpoeier, kaneel, neutmuskaat, lemoenskil en vanielje in die derde bak. Voeg poeieragar by en meng tot goed ingewerk.
5. Gooi die vloeibare bestanddele oor die droë bestanddele en meng tot 'n deeg vorm; druk dit plat in 'n sirkel.
6. Plaas hierdie deeg in 'n oondbak en bedek die frambose. Bedek die pan met 'n vel aluminiumfoelie.
7. Laat sak die pan op die metaalrak.
8. Maak die deksel vas. Kies "Handmatige" modus en Hoë druk; kook vir 27 minute. Sodra kook klaar is, gebruik 'n natuurlike drukverligting; verwyder die deksel versigtig.
9. Draai laastens die koekpan onderstebo en ontvorm dit op 'n skottel. Lekker!

Buitengewone Sjokolade Kaaskoek

Voorbereidingstyd: 25 minute + afkoeltyd

Gedeeltes 10

Voedingswaardes per porsie: 351 kalorieë; 35,6g vet; 4,8 g totale koolhidrate; 4,3 g proteïen; 1,7 g suikers

Bestanddele

- Kors:
- 1/3 koppie klappermeel
- 1/3 koppie amandelmeel
- 2 eetlepels pylwortelmeel
- 2 eetlepels kakaopoeier, onversoet
- 2 eetlepels monnikvrugpoeier
- 1/4 koppie klapperolie, gesmelt
- vulsel:
- 10 onse roomkaas, saggemaak
- 8 onse swaar room, versag
- 1 tl monnikvrugpoeier
- 1/2 koppie kakaopoeier, onversoete
- 3 eiergele, by kamertemperatuur
- 1/3 koppie suurroom
- 4 onse botter, gesmelt
- 1/2 teelepel vanieljegeursel

Aanwysings

1. Berei jou kitspot voor deur 1½ koppies water en 'n metaalrak onderaan by te voeg.

2. Bedek 'n bodem van 'n bakpan met 'n stuk bakpapier.
3. In mengbak, kombineer klappermeel, amandelmeel, pylwortelpoeier, 2 eetlepels kakaopoeier en 2 eetlepels monnikvrugpoeier; roer nou die gesmelte klapperolie by.
4. Druk korsmengsel in bodem van voorbereide bakpan vas.
5. Om die vulsel te maak, meng die roomkaas, swaar room, monnikvrugpoeier en kakaopoeier.
6. Vou nou die eiers, suurroom, botter en vanielje in; hou aan meng totdat alles goed ingewerk is,
7. Laat sak die bakpan op die rooster. Bedek met 'n vel foelie, maak 'n foeliestrook.
8. Maak die deksel vas. Kies "Handmatige" modus en Hoë druk; kook 18 minute. Sodra kook klaar is, gebruik 'n natuurlike drukverligting; verwyder die deksel versigtig.
9. Verkoel hierdie kaaskoek vir 3 tot 4 uur. Geniet jou ete!

Ou Skool Kaaskoek

Voorbereidingstyd: 35 minute + afkoeltyd

Gedeeltes 10

Voedingswaardes per porsie: 188 kalorieë; 17,2 g vet; 4,5 g totale koolhidrate; 5,5 g proteïen; 1,3 g suikers

Bestanddele

- Kors:
- 1/2 koppie amandelmeel
- 1/2 koppie klappermeel
- 1½ eetlepel eritritolpoeier
- 1/4 teelepel kosher sout
- 3 eetlepels botter, gesmelt
- vulsel:
- 8 onse suurroom, by kamertemperatuur
- 8 onse roomkaas, by kamertemperatuur
- 1/2 koppie verpoeierde eritritol
- 3 eetlepels lemoensap
- 1/2 teelepel gemmerpoeier
- 1 teelepel vanielje-ekstrak
- 3 eiers, by kamertemperatuur

Aanwysings

1. Bedek 'n ronde bakpan met 'n stuk bakpapier.
2. In 'n mengbak, meng al die bestanddele vir die kors deeglik in die volgorde hierbo gelys.
3. Druk die korsmengsel in die bodem van die pan vas.

4. Maak dan die vulsel deur die suurroom en roomkaas te meng tot eenvormig en glad; voeg die res van die bestanddele by en hou aan klits tot goed gemeng.

5. Gooi die roomkaasmengsel oor die kors. Bedek met aluminiumfoelie, maak 'n foeliestrook.

6. Plaas 1 ½ koppies water en 'n metaalplank in jou kitspot. Plaas dan die pan op die metaalrooster.

7. Maak die deksel vas. Kies "Handmatige" modus en Hoë druk; kook vir 30 minute. Sodra kook klaar is, gebruik 'n natuurlike drukverligting; verwyder die deksel versigtig. Bedien goed verkoel en geniet!

Soetsuur koek

Voorbereidingstyd: 25 minute

gedeeltes 6

Voedingswaardes per porsie: 173 kalorieë; 15,6 g vet; 2,5 g totale koolhidrate; 6,2g proteïen; 1,6 g suikers

Bestanddele

- Kors:
- 3/4 koppie klappermeel
- 1/4 koppie klapperolie
- 2 eetlepels Swaai
- 1/2 teelepel suiwer suurlemoen uittreksel
- 1/2 tl suiwer klapper uittreksel
- 1/2 tl suiwer vanielje-ekstrak
- 1/2 teelepel bakpoeier
- 'n Knippie gerasperde neutmuskaat
- 'n Knippie sout
- vulsel:
- 4 eiers
- 1/2 koppie Swaai
- 3 eetlepels vars uitgedrukte suurlemoensap
- 3 eetlepels gerasperde klapper
- 1/4 teelepel kaneelpoeier

Aanwysings

1. Begin deur 1½ koppies water en 'n metaalrak by jou Instant Pot te voeg. Spuit nou 'n bakpan met kleefwerende sproei (bottergeur).
2. Meng dan al die bestanddele vir die kors deeglik in jou voedselverwerker. Smeer nou die korsmengsel eweredig oor die bodem van die voorbereide pan. Moenie vergeet om 'n paar gaatjies met 'n vurk te steek nie.
3. Laat sak die bakpan op die rooster.
4. Maak die deksel vas. Kies "Handmatige" modus en Hoë druk; kook 8 minute. Sodra kook klaar is, gebruik 'n vinnige drukvrystelling; verwyder die deksel versigtig.
5. Meng intussen al die bestanddele vir die vulsel deeglik in jou voedselverwerker. Smeer die vulselmengsel eweredig oor die warm kors.
6. Keer terug na die kitspot.
7. Maak die deksel vas. Kies "Handmatige" modus en Hoë druk; kook vir 15 minute. Sodra kook klaar is, gebruik 'n vinnige drukvrystelling; verwyder die deksel versigtig.
8. Sny in blokkies en bedien by kamertemperatuur of verkoel. Geniet jou ete!

Lui Sondagkoek

Voorbereidingstyd: 30 minute

gedeeltes 6

Voedingswaardes per porsie: 121 kalorieë; 7,3 g vet; 5,9 g totale koolhidrate; 6,5 g proteïen; 2,3 g suikers

Bestanddele

- 1/2 koppie grondboontjiebotter
- 1 pond courgette, gesnipper
- 1/4 koppie Dodge
- 2 eiers, geklits
- 1/2 teelepel gemaalde steranys
- 1 teelepel gemaalde kaneel
- 1/4 teelepel gerasperde neutmuskaat
- 1/2 teelepel rum ekstrak
- 1/2 teelepel vanielje
- 1/2 teelepel bakpoeier

Aanwysings

1. Begin deur 1 ½ koppies water en 'n metaal onderstel by jou kitspot te voeg. Spuit nou 'n bakpan met kleefwerende kossproei.
2. In 'n mengbak, meng al die bestanddele deeglik tot eenvormig, romerig en glad. Gooi die beslag in die voorbereide pan.
3. Laat sak die pan op die trivet.
4. Maak die deksel vas. Kies "Bean/Chili"-modus en Hoëdruk; kook vir 25 minute. Sodra kook klaar is, gebruik 'n natuurlike drukverligting; verwyder die deksel versigtig.
5. Laat jou koek heeltemal afkoel voordat dit in skywe gesny en bedien word. Geniet jou ete!

Keto Sjokolade Brownies

Voorbereidingstyd: 30 minute

gedeeltes 6

Voedingswaardes per porsie: 384 kalorieë; 36,6g vet; 5,2 g totale koolhidrate; 7,7 g proteïen; 1,3 g suikers

Bestanddele

- 4 onse sjokolade, suikervry
- 1/2 koppie klapperolie
- 2 koppies Swerve
- 4 eiers, geklits
- 1 teelepel vanieljepasta
- 1/4 teelepel seesout
- 1/4 teelepel gerasperde neutmuskaat
- 1/2 teelepel gedroogde laventelblomme
- 1/4 koppie amandelmeel
- 1/2 koppie geklopte room

Aanwysings

1. Begin deur 1 ½ koppies water en 'n metaal onderstel by jou kitspot te voeg. Spuit nou 'n bakpan met kleefwerende kossproei.

2. Meng die sjokolade, klapperolie en Swerve deeglik. Klits die eiers geleidelik by. Voeg die vanieljepasta, sout, neutmuskaat, laventelblomme en amandelmeel by; meng tot goed ingewerk.

3. Maak die deksel vas. Kies "Bean/Chili"-modus en Hoëdruk; kook vir 25 minute. Sodra kook klaar is, gebruik 'n natuurlike drukverligting; verwyder die deksel versigtig.

4. Bedek met geklopte room en bedien goed verkoel. Geniet jou ete!

Soetpap met 'n kinkel

Voorbereidingstyd: 10 minute

gedeeltes 2

Voedingswaardes per porsie: 363 kalorieë; 36,4g vet; 6,2 g totale koolhidrate; 4,9 g proteïen; 3,8 g suikers

Bestanddele

- 1/2 koppie klapperskyfies
- 1 eetlepel sonneblomsaad
- 2 eetlepels lynsaad
- 2 kardemompeule, liggies fyngedruk
- 1 teelepel gemaalde kaneel
- 1 teelepel Stevia poeier uittreksel
- 1 teelepel rooswater
- 1/2 koppie water
- 1 koppie klappermelk

Aanwysings

1. Voeg al die bestanddele by die Kitspot.
2. Maak die deksel vas. Kies "Handmatige" modus en Hoë druk; Kook vir 5 minute. Sodra kook klaar is, gebruik 'n vinnige drukvrystelling; verwyder die deksel versigtig.
3. Skep in twee opdienbakkies en bedien warm. Lekker!

Kaaskoek Tropicana

Voorbereidingstyd: 30 minute + afkoeltyd

gedeeltes 5

Voedingswaardes per porsie: 268 kalorieë; 22,7 g vet; 6,6 g totale koolhidrate; 9,5 g proteïen; 4,2 g suikers

Bestanddele

- 9 onse roomkaas
- 1/3 koppie Swaai
- 1/2 teelepel gemmerpoeier
- 1 teelepel gerasperde lemoenskil
- 1 teelepel vanielje-ekstrak
- 3 eiers
- 4 eetlepels geklopte room
- 1 eetlepel Swaai
- 1 naeltjie lemoen, geskil en in skywe gesny

Aanwysings

1. Begin deur 1½ koppies water en 'n metaalrak by jou Instant Pot te voeg. Spuit nou 'n bakpan met kleefwerende kossproei.
2. Klits roomkaas, 1/3 koppie Swerve, gemmer, gerasperde lemoenskil en vanielje met 'n elektriese menger.

3. Vou die eiers geleidelik in en hou aan om te meng tot goed ingewerk. Druk hierdie mengsel in die voorbereide bakpan en bedek met foelie.
4. Maak die deksel vas. Kies "Bean/Chili"-modus en Hoëdruk; kook vir 25 minute. Sodra kook klaar is, gebruik 'n natuurlike drukverligting; verwyder die deksel versigtig.
5. Meng die room en 1 eetlepel Swerve; smeer hierdie bolaag oor die koek. Laat dit op 'n draadrak afkoel.
6. Plaas dan jou koek na die yskas. Garneer met lemoenskywe en bedien goed verkoel. Geniet jou ete!

Klassieke vakansievla

Voorbereidingstyd: 20 minute + afkoeltyd

gedeeltes 4

Voedingswaardes per porsie: 201 kalorieë; 17,7 g vet; 6,2 g totale koolhidrate; 4,2 g proteïen; 1,2 g suikers

Bestanddele

- 5 eiergele
- 1/3 koppie klappermelk, onversoet
- 1/2 teelepel vanielje-ekstrak
- 1 tl monnikvrugpoeier
- 1 eetlepel botterkaramel geursel
- 1/2 stok botter, gesmelt

Aanwysings

1. Meng die eiergele met klappermelk, vanielje-ekstrak, monnikvrugpoeier en botterkaramelgeursel.
2. Roer dan die botter by; roer tot goed ingewerk. Verdeel die mengsel tussen vier Mason-flesse en bedek dit met deksels.
3. Voeg 1½ koppies water en 'n metaalrak by die kitspot. Laat sak nou jou flesse op die rak.
4. Maak die deksel vas. Kies "Handmatige" modus en Lae druk; kook vir 15 minute. Sodra kook klaar is, gebruik 'n natuurlike drukverligting; verwyder die deksel versigtig. bedien
5. Verkoel tot gereed om te bedien. Geniet jou ete!

Blackberry Espresso Brownies

Voorbereidingstyd: 30 minute

gedeeltes 8

Voedingswaardes per porsie: 151 kalorieë; 13,6g vet; 6,7 g totale koolhidrate; 4,1 g proteïen; 1,1 g suikers

Bestanddele

- 4 eiers
- 1 koppies klapperroom
- 1 teelepel Stevia vloeibare konsentraat
- 1/3 koppie kakaopoeier, onversoete
- 1/2 teelepel gerasperde neutmuskaat
- 1/2 teelepel kaneelpoeier
- 1 tl espressokoffie
- 1 teelepel suiwer amandel uittreksel
- 1 tl suiwer vanielje-ekstrak
- 1 teelepel bakpoeier
- 'n Knippie kosjer sout
- 1 koppie brame, vars of bevrore (ontdooi

instruksies:

1. Begin deur 1½ koppies water en 'n metaalrak by jou Instant Pot te voeg. Spuit nou 'n bakpan met kleefwerende kossproei.

2. Meng nou eiers, klapperroom, stevia, kakaopoeier, neutmuskaat, kaneel, koffie, suiwer amandelekstrak vanielje, bakpoeier en sout met 'n elektriese menger.
3. Druk die braambessies met 'n vurk fyn. Vou dan jou brame by die voorbereide mengsel in.
4. Gooi die beslag in die voorbereide pan.
5. Maak die deksel vas. Kies "Bean/Chili"-modus en Hoëdruk; kook vir 25 minute. Sodra kook klaar is, gebruik 'n natuurlike drukverligting; verwyder die deksel versigtig. Geniet jou ete!

Soetpap Met Bloubessies

Voorbereidingstyd: 10 minute

gedeeltes 4

Voedingswaardes per porsie: 219 kalorieë; 18,2g vet; 6,2 g totale koolhidrate; 5,6 g proteïen; 2,9 g suikers

Bestanddele

- 6 eetlepels goue vlasmeel
- 6 eetlepels klappermeel
- 2 koppies water
- 1/4 teelepel vars gerasperde neutmuskaat
- 1/4 tl Himalaja sout
- 3 eiers, geklits
- 1/2 stok botter, saggemaak
- 4 eetlepels geklopte room
- 4 eetlepels monnikvrugpoeier
- 1 koppie bloubessies

Aanwysings

1. Voeg al die bestanddele by die Kitspot.
2. Maak die deksel vas. Kies "Handmatige" modus en Hoë druk; Kook vir 5 minute. Sodra kook klaar is, gebruik 'n vinnige drukvrystelling; verwyder die deksel versigtig.
3. Bedien versier met 'n paar ekstra bessies indien verkies. Lekker!

Vanieljebessie kolwyntjies

Voorbereidingstyd: 35 minute

gedeeltes 6

Voedingswaardes per porsie: 403 kalorieë; 42,1g vet; 4,1 g totale koolhidrate; 4,2 g proteïen; 2,1 g suikers

Bestanddele

- Kolwyntjies:
- 1/2 koppie klappermeel
- 1/2 koppie amandelmeel
- 1/2 teelepel bakpoeier
- 1 teelepel bakpoeier
- 'n Knippie sout
- 'n Knippie gerasperde neutmuskaat
- 1 teelepel gemmerpoeier
- 1 stokkie botter, by kamertemperatuur
- 1/2 koppie Swaai
- 3 eiers, geklits
- 1/2 tl suiwer klapper uittreksel
- 1/2 tl suiwer vanielje-ekstrak
- 1/2 koppie dubbelroom
- glans:
- 1 stokkie botter, by kamertemperatuur
- 1/2 koppie Swaai

- 1 tl suiwer vanielje-ekstrak
- 1/2 teelepel klapper uittreksel
- 6 eetlepels klapper, gerasper
- 3 eetlepels framboos, puree
- 6 bevrore frambose

Aanwysings

1. Begin deur 1½ koppies water en 'n rek by jou kitspot te voeg.
2. Meng die bestanddele vir die kolwyntjie deeglik in 'n mengbak. Verdeel die beslag tussen silikoonkolwyntjievormpies. Bedek met 'n stuk foelie.
3. Plaas die kolwyntjies op die draadrak.
4. Maak die deksel vas. Kies "Handmatige" modus en Hoë druk; kook vir 25 minute. Sodra kook klaar is, gebruik 'n natuurlike drukverligting; verwyder die deksel versigtig.
5. Meng intussen die bestanddele vir die glans goed. Gooi hierdie mengsel in 'n spuitsak en bedek jou kolwyntjies.
6. Garneer met bevrore frambose en geniet!

Mini Kaaskoekies Met Bessies

Voorbereidingstyd: 25 minute

gedeeltes 6

Voedingswaardes per porsie: 232 kalorieë; 22,1g vet; 4,8 g totale koolhidrate; 5,7 g proteïen; 1,9 g suikers

Bestanddele

- 1/4 koppie sesamsaadmeel
- 1/4 koppie haselneutmeel
- 1/2 koppie klappermeel
- 1½ tl bakpoeier
- 'n Knippie kosjer sout
- 'n Knippie vars gerasperde neutmuskaat
- 1/2 teelepel gemaalde steranys
- 1/2 teelepel gemaalde kaneel
- 1/2 stok botter
- 1 koppie Swaai
- 2 eiers, geklits
- 1/2 koppie roomkaas
- 1/3 koppie vars gemengde bessies
- 1/2 vanieljepasta

Aanwysings

1. Begin deur 1½ koppies water en 'n rek by jou kitspot te voeg.
2. Meng al die bogenoemde bestanddele deeglik in 'n mengbak. Verdeel die beslag in liggies gesmeerde ramekins. Bedek met 'n stuk foelie.
3. Plaas die ramekins op die rooster.
4. Maak die deksel vas. Kies "Handmatige" modus en Hoë druk; Kook vir 20 minute. Sodra kook klaar is, gebruik 'n natuurlike drukverligting; verwyder die deksel versigtig.

Spesiale Berry Crisp met kaneel

Voorbereidingstyd: 15 minute

gedeeltes 4

Voedingswaardes per porsie: 255 kalorieë; 24,6g vet; 5,6 g totale koolhidrate; 3,4 g proteïen; 2,5 g suikers

Bestanddele

- 1/2 pond brame
- 1 teelepel gemaalde kaneel
- 1/4 teelepel gerasperde neutmuskaat
- 1/2 teelepel gemaalde kardemom
- 1/2 teelepel vanieljepasta
- 1/2 koppie water
- 1/4 koppie Dodge
- 5 eetlepels klapperolie, gesmelt
- 1/2 koppie amandels, grof gekap
- 1/4 koppie klappermeel
- 1/4 teelepel Stevia
- 'n Knippie sout

Aanwysings

1. Plaas braambessies in die bodem van jou Instant Pot. Sprinkel kaneel, neutmuskaat en kardemom oor. Voeg vanielje, water by en Swerve.
2. Meng die oorblywende bestanddele deeglik in 'n mengbak. Gooi die lepel bo-op die swartbessies.
3. Maak die deksel vas. Kies "Handmatige" modus en Hoë druk; kook vir 10 minute. Sodra kook klaar is, gebruik 'n natuurlike drukverligting; verwyder die deksel versigtig.
4. Bedien by kamertemperatuur en geniet!

Lekker vuur kaaskoek

Voorbereidingstyd: 40 minute

gedeeltes 6

Voedingswaardes per porsie: 373 kalorieë; 36,7g vet; 5,1 g totale koolhidrate; 8 g proteïen; 2,6 g suikers

Bestanddele

- 1/2 koppie amandelmeel
- 1/2 koppie klappermeel
- 4 eetlepels klapperolie, gesmelt
- 3/4 pond roomkaas, by kamertemperatuur
- 3/4 koppie Swaai
- 3 eiers
- 'n Knippie sout
- 'n Knippie gerasperde neutmuskaat
- 1/2 teelepel gemaalde kaneel
- 1/2 teelepel gemaalde steranys
- 1 teelepel vanielje-ekstrak
- 1 teelepel rooi voedselkleursel

Aanwysings

1. Begin deur 1½ koppies water en 'n metaalrak by jou Instant Pot te voeg.

2. Meng amandelmeel, klappermeel en klapperolie deeglik in 'n mengbak. Druk hierdie mengsel in 'n liggies gesmeerde kaaskoekpan.
3. In 'n ander mengbak, klits die roomkaas saam met Swerve. Vou die eiers een op 'n slag in en hou aan klits tot goed gemeng.
4. Voeg dan die kruie by en ekstrak; meng tot goed ingewerk. Smeer die vulsel bo-oor jou kaaskoek. Laat sak die pan op die rooster.
5. Maak die deksel vas. Kies "Bean/Chili"-modus en Hoëdruk; kook vir 35 minute. Sodra kook klaar is, gebruik 'n natuurlike drukverligting; verwyder die deksel versigtig. Geniet jou ete!

Klassieke Wortelkoek

Voorbereidingstyd: 35 minute

gedeeltes 8

Voedingswaardes per porsie: 381 kalorieë; 35,1 g vet; 4,4 g totale koolhidrate; 10,3 g proteïen; 1,7 g suikers

Bestanddele

- Wortelkoek:
- 2 koppies wortels, gerasper
- 1 koppie amandelmeel
- 1/2 koppie klapper, gerasper
- 1/4 koppie haselneute, gekap
- 1/4 teelepel gemaalde naeltjies
- 1/4 teelepel gerasperde neutmuskaat
- 1/2 teelepel gemaalde kaneel
- 1/2 teelepel bakpoeier
- 1 teelepel bakpoeier
- 4 eetlepels Swaai
- 1 tl suiwer vanielje-ekstrak
- 4 eiers, geklits
- 1 stok botter, gesmelt
- Roomkaas ryp:

1 koppie roomkaas

2 eetlepels Swaai

1/2 tl suiwer vanielje-ekstrak

Aanwysings

1. Begin deur 1½ koppies water en 'n metaalrak by jou Instant Pot te voeg. Spuit nou 'n kaaskoekpan met kleefwerende kooksproei.
2. Meng die droë bestanddele vir die koek deeglik in 'n mengbak. Meng dan die nat bestanddele tot goed gemeng.
3. Gooi die nat mengsel in die droë mengsel en roer goed. Skep die beslag in die kaaskoekpan.
4. Bedek met 'n vel foelie. Laat sak die pan op die rooster.
5. Maak die deksel vas. Kies "Bean/Chili"-modus en Hoëdruk; kook vir 30 minute. Sodra kook klaar is, gebruik 'n vinnige drukvrystelling; verwyder die deksel versigtig.
6. Meng intussen die rypbestanddele. Vries die wortelkoek en bedien verkoel. Lekker!

Klassieke Brownie met Blackberry Goat Cheese Swirl

Voorbereidingstyd: 30 minute

gedeeltes 8

Voedingswaardes per porsie: 309 kalorieë; 27,6g vet; 3,4 g totale koolhidrate; 10,8 g proteïen; 1,1 g suikers

Bestanddele

- Brownies:
- 5 eetlepels klapperolie, gesmelt
- 1 koppie Swaai
- 1/4 koppie kakaopoeier, onversoete
- 3 teelepels water
- 1/2 teelepel vanielje-ekstrak
- 3 eiers, geklits
- 1/4 koppie goue vlasmeel
- 3/4 koppie amandelmeel
- 1/2 teelepel bakpoeier
- 1/2 teelepel bakpoeier
- 'n Knippie sout
- 'n Knippie gerasperde neutmuskaat
- 1/4 koppie sjokoladeskyfies, suikervry

Blackberry Bokkaas Swirl:

- 2 eetlepels ongesoute botter, saggemaak
- 4 onse bokkaas, saggemaak
- 2 onse roomkaas, saggemaak
- 1 koppie swartbessies, vars of bevrore (ontdooi)
- 1 eetlepel Swaai
- 1/2 teelepel amandel uittreksel
- 'n Knippie sout

Aanwysings

1. Begin deur 1½ koppies water en 'n metaalrak by jou Instant Pot te voeg. Spuit nou 'n vierkantige koekpan met kleefwerende kossproei.
2. Meng die klapperolie met Swerve, kakaopoeier, water en vanielje tot alles goed gemeng is. Meng die eiers, meel, bakpoeier, bakpoeier, sout en neutmuskaat by.
3. Meng tot glad en romerig. Voeg die sjokolade by en meng weer. Voeg die beslag by die voorbereide pan.
4. Maak die deksel vas. Kies "Handmatige" modus en Hoë druk; kook vir 25 minute. Sodra kook klaar is, gebruik 'n vinnige drukvrystelling; verwyder die deksel versigtig.
5. Keer jou brownie op 'n bord uit. Laat dit afkoel tot kamertemperatuur.

6. Laat intussen die braambokkaas draai. Klits die botter en kaas met 'n elektriese menger; voeg swartbessies, Swerve, amandelekstrak en sout by en hou aan klits tot lig en donsig.
7. Gooi hierdie mengsel in lepels vol op jou brownie; draai dit dan om met 'n mes. Geniet jou ete!

Spesiale verjaardagkoek

Voorbereidingstyd: 35 minute + afkoeltyd

gedeeltes 8

Voedingswaardes per porsie: 230 kalorieë; 18,8g vet; 6,1 g totale koolhidrate; 8,9 g proteïen; 1,4 g suikers

Bestanddele

- Beslaglegging:
- 1 koppie haselneutmeel
- 2 eetlepels pylwortelstysel
- 1/2 koppie kakaopoeier
- 1 ¼ teelepel koeksoda
- 1/4 teelepel kosher sout
- 1/4 teelepel vars gerasperde neutmuskaat
- 6 eiers, geklits
- 8 eetlepels klapperolie, gesmelt
- 1 tl suiwer vanielje-ekstrak
- 1/2 teelepel suiwer haselneut uittreksel
- 2/3 koppie Swaai
- 1/3 koppie volmelk
- Hazelnoot Ganache:
- 1/2 koppie swaar room
- 5 onse donkersjokolade, suikervry
- 2 eetlepels klapperolie

Aanwysings

1. Begin deur 1½ koppies water en 'n metaalrak by jou Instant Pot te voeg. Smeer 'n bakpan liggies met kleefwerende sproei.
2. Meng die droë bestanddele vir die beslag goed in 'n mengbak. Meng die nat bestanddele vir die beslag in 'n ander bak.
3. Voeg die nat mengsel by die droë mengsel; meng om goed te kombineer. Gooi die mengsel in die voorbereide bakpan.
4. Maak die deksel vas. Kies "Bean/Chili"-modus en Hoëdruk; kook vir 30 minute. Sodra kook klaar is, gebruik 'n natuurlike drukverligting; verwyder die deksel versigtig.
5. Plaas nou die koekpan op 'n draadrak totdat dit koel voel om aan te raak. Laat dit heeltemal afkoel voordat dit ryp word.
6. Maak intussen jou ganache. Bring die room tot kookpunt in 'n medium kastrol. Skakel die hitte af sodra jy die borrels sien.
7. Voeg sjokolade en klapperolie by en klits om goed te kombineer. Rooster die koek en bedien goed verkoel.

Vakansie Bloubessiepoeding

Voorbereidingstyd: 20 minute

gedeeltes 6

Voedingswaardes per porsie: 240 kalorieë; 20,5 g vet; 5,4 g totale koolhidrate; 4,8 g proteïen; 3,1 g suikers

Bestanddele

- 1 koppie amandelmeel
- 3 eetlepels sonneblomsaad meel
- 1/2 koppie Swaai
- 1/2 teelepel bakpoeier
- 1 teelepel bakpoeier
- 1/4 koppie klapperroom
- 1/4 koppie water
- 1/4 koppie klapperolie, saggemaak
- 2 eetlepels donker rum
- 1/2 teelepel vanielje
- 1/2 koppie bloubessies

Aanwysings

1. Begin deur 1 ½ koppies water en 'n metaal onderstel by jou kitspot te voeg.
2. Meng al die bestanddele, behalwe bloubessies, tot goed ingewerk. Skep die mengsel in 'n liggies gesmeerde oondpan.

3. Vou die bloubessies in en roer liggies om te kombineer. Laat sak die oondbak op die koekie.
4. Maak die deksel vas. Kies "Bean/Chili"-modus en Hoëdruk; kook vir 15 minute. Sodra kook klaar is, gebruik 'n natuurlike drukverligting; verwyder die deksel versigtig.
5. Laat die skoenlapper effens afkoel voor opdiening. Geniet jou ete!

Lug aarbeitert

Voorbereidingstyd: 35 MIN

Bediening: 6

Bestanddele:

- 2 koppies amandelmeel
- 1 koppie klappermeel
- ¼ koppie onversoete kakaopoeier
- 1 tl koeksoda
- ½ tl bakpoeier
- ½ tl sout
- 1 koppie onversoete amandelmelk
- 3 eiers
- 2 eierwitte
- 3 koppies swaar room, suikervry
- 1 tl stevia-ekstrak
- 2 tl aarbei-ekstrak

Aanwysings:

1. Voer 'n 7-duim-veervormpan met 'n bietjie perkamentpapier uit. Sit eenkant.
2. In 'n groot mengbak, kombineer amandelmeel, klappermeel, kakaopoeier, bakpoeier, koeksoda en sout. Meng goed en voeg melk geleidelik by. Met 'n paddle-aanhangsel daarop, goeie klop teen hoë spoed.

Voeg nou eiers een op 'n slag by, klits aanhoudend. Voeg laastens die eierwitte by en meng tot heeltemal ingewerk. Plaas die mengsel oor na die voorbereide springvorm en maak die oppervlak glad met 'n kombuisspatel. Bedek losweg met 'n bietjie aluminiumfoelie.

3. Prop in jou Instant Pot en gooi 1 koppie water in. Plaas die trivet in die vlekvrye staal-insetsel en plaas die springvorm versigtig bo-op.
4. Maak die deksel toe en stel die stoomhendel in die 'Seal'-posisie. Druk die 'Manual'-knoppie en stel die timer vir 20 minute.
5. Wanneer jy klaar is, draai die stoomklep na die 'Vent'-posisie om die druk vry te laat.
6. Maak die deksel oop en verwyder die veervorm versigtig. Plaas op 'n draadrak en laat afkoel tot kamertemperatuur.
7. Meng intussen geklopte room, stevia en aarbei-ekstrak in 'n groot bak. Klits goed met 'n handmenger tot heeltemal gemeng.
8. Gooi die mengsel oor die afgekoelde kors en verkoel vir 'n uur voor gebruik.

Voedingswaardes per porsie:

Kalorieë 195

Totale vet 16,4g

Netto koolhidrate: 4,2 g

Proteïen 5,7 g

Vesel: 3,8 g

sjokolade kaaskoek

Voorbereidingstyd: 45 MIN

Gedeelte: 10

Bestanddele:

- 1 koppie amandelmeel
- 1 koppie klappermeel
- 1 koppie onversoete kakaopoeier, in die helfte verdeel
- ¼ koppie swaai
- ½ koppie botter
- 2 groot eiers
- 4 koppies roomkaas
- ¾ koppie geklopte room
- 1 tl vanielje-ekstrak
- ½ teelepel stevia poeier
- 2 eetlepels. olie-

Aanwysings:

1. In 'n groot bak, kombineer amandelmeel, klappermeel, onversoete kakaopoeier en draai. Meng goed en sit oor na voedselverwerker saam met botter en eiers. Verwerk goed en hou eenkant.
2. Smeer 'n 7-duim-veervormpan met olie en voer met 'n bietjie perkamentpapier uit. Voeg die korsmengsel by en druk goed met jou hande vas.

3. Prop in jou kitspot en gooi 1½ koppies water in. Plaas die trivet in die vlekvrye staal-insetsel en plaas die springvorm versigtig bo-op. Bedek met 'n bietjie aluminiumfoelie om kondensasie te voorkom.
4. Maak die deksel toe en stel die stoomhendel in die 'Seal'-posisie. Druk die 'Manual'-knoppie en stel die timer vir 15 minute.
5. Wanneer jy die fornuis se finale sein hoor, laat die druk vir 10-12 minute natuurlik los. Draai die drukklep na die 'Vent'-posisie om enige oorblywende druk vry te laat.
6. Maak die deksel oop en verwyder die veervorm versigtig. Verkoel tot kamertemperatuur.
7. Sit roomkaas, geklopte room, vanielje-ekstrak en steviapoeier in 'n blender. Pols om te kombineer en gooi mengsel oor afgekoelde kors.
8. Bêre oornag in die yskas.

Voedingswaardes per porsie:

Kalorieë 548

Totale vet 52g

Netto koolhidrate: 7,4 g

Proteïen 12g

Vesel: 6,8g

Framboos kompote

Voorbereidingstyd: 45 MIN

Bediening: 4

Bestanddele:

- 2 koppies frambose
- 1 koppie warrel
- 1 tl vars gerasperde suurlemoenskil
- 1 tl vanielje-ekstrak

Aanwysings:

1. Prop in jou kitspot en druk die 'Soteer'-knoppie. Voeg frambose, opskep, suurlemoenskil en vanielje-ekstrak by. Roer goed en voeg 1 koppie water by. Kook vir 5 minute terwyl jy aanhoudend roer.

2. Gooi nou nog 2 koppies water in en druk die 'Cancel'-knoppie. Maak die deksel toe en stel die stoomhendel in die 'Seal'-posisie. Druk die 'Manual'-knoppie en stel die timer op lae druk vir 15 minute.

3. Wanneer jy die fornuis se finale sein hoor, druk die 'Kanselleer'-knoppie en laat die druk natuurlik vir 10-15 minute los. Beweeg die drukhefboom na die 'Vent'-posisie om die oorblywende druk vry te laat en maak die deksel oop.

4. Roer 'n bietjie meer suurlemoensap by indien verkies en gooi in opdienbakkies.

5. Verkoel tot kamertemperatuur en verkoel vir 'n uur voor opdiening.

Voedingswaardes per porsie:

Kalorieë 48

Totale vette 0,5 g

Netto koolhidrate: 5g

Proteïen 1g

Vesel: 5,3g

Sjokolade Room

Voorbereidingstyd: 25 MIN

Bediening: 4

Bestanddele:

- 2 swaar room
- ¼ koppie onversoete donkersjokolade, gekap
- 3 eiers
- 1 tl lemoenskil
- 1 tl stevia poeier
- 1 tl vanielje-ekstrak
- ½ tl sout

Aanwysings:

1. Prop in jou kitspot en druk die 'Soteer'-knoppie. Voeg swaar room, gekapte sjokolade, steviapoeier, vanielje-uittreksel, lemoenskil en sout by. Roer goed en prut totdat die sjokolade heeltemal gesmelt is. Druk die 'Cancel'-knoppie en breek die eiers, een op 'n slag, terwyl jy aanhoudend roer. Verwyder uit kitspot.
2. Plaas die mengsel oor na 4 glasflesse met los deksels.
3. Gooi 2 koppies water in jou kitspot en plaas die trivet in die vlekvrye staal-insetsel. Voeg flesse by en maak die deksel toe.

4. Stel die stoomhendel en druk die 'Manual'-knoppie. Stel die timer vir 10 minute.

5. Wanneer dit klaar is, voer 'n vinnige vrylating uit deur die stoomklep na die 'Vent'-posisie te beweeg.

6. Maak die deksel oop en verwyder die flesse. Verkoel tot kamertemperatuur en sit dan oor na die yskas.

7. Sprinkel bietjie geklopte room oor voor opdiening.

Voedingswaardes per porsie:

Kalorieë 267

Totale vet 26,2g

Netto koolhidrate: 2,4 g

Proteïen 5,6 g

Vesel: 0,2g

Botter Pannekoeke

Voorbereidingstyd: 15 MIN

Bediening: 6

Bestanddele:

- 2 koppies roomkaas
- 2 koppies amandelmeel
- 6 groot eiers
- ¼ tl sout
- 2 eetlepels. botter
- ¼ tl gemmerpoeier
- ½ tl kaneelpoeier

Aanwysings:

1. In 'n groot mengbak, kombineer roomkaas, eiers en 'n eetlepel botter. Klits goed op hoë spoed met 'n roei-aanhegting bo-op tot lig en romerig. Voeg meel stadig by terwyl jy aanhoudend klits. Voeg laastens sout, gemmer en kaneel by. Hou aan klits totdat dit heeltemal ingewerk is.
2. Prop in jou kitspot en druk die 'Soteer'-knoppie. Smeer die vlekvrye staal-insetsel met die oorblywende botter en verhit dit.

3. Gooi ongeveer ½ koppie van die beslag by en kook vir 2-3 minute of tot goudbruin. Herhaal die proses met die oorblywende beslag.
4. Bedien warm.

Voedingswaardes per porsie:

Kalorieë 432

Totale vette 40,2g

Netto koolhidrate: 3,5 g

Proteïen 14,2g

Vesel: 1g

Suurlemoen Kolwyntjies Met Bloubessies

Voorbereidingstyd: 35 MIN

Bediening: 6

Bestanddele:

- 2 koppies amandelmeel
- 2/3 tl bakpoeier
- ¼ tl bakpoeier
- ½ teelepel xantangom
- 1 koppie warrel
- 3 eiers
- 1 koppie amandelmelk, onversoet
- ¼ koppie bloubessies
- 1 eetlepel. botter versag
- 1 eetlepel. klapperolie
- 1 eetlepel. suurlemoenskil, vars gerasper
- 1 tl vanielje-ekstrak

Aanwysings:

1. Meng al die droë bestanddele in 'n groot mengbak. Meng goed en voeg melk geleidelik by. Klits goed op medium spoed en voeg eiers een vir een by. Voeg botter, klapperolie, suurlemoenskil en vanielje-ekstrak by. Meng tot ten volle ingewerk. Vou die bloubessies in en plaas dit in 'n 12-koppie silikoon kolwyntjievorm.

2. Prop in jou kitspot en gooi 1 koppie water in. Plaas die trivet in die vlekvrye staal-insetsel en plaas die silikoonpan bo-op. Bedek losweg met 'n bietjie aluminiumfoelie en maak die deksel toe.
3. Beweeg die stoomhendel na die 'Seal'-posisie en druk die 'Manual'-knoppie. Stel die timer vir 25 minute.
4. Wanneer dit klaar is, voer 'n vinnige drukverligting uit en maak die deksel oop. Haal die muffinpan versigtig uit jou kitspan en laat dit heeltemal afkoel voor jy dit bedien.

Voedingswaardes per porsie:

Kalorieë 223

Totale vet 20,4g

Netto koolhidrate: 3,8 g

Proteïen 5,9 g

Vesel: 2,9 g

Sjokolade brownies

Voorbereidingstyd: 30 MIN

Bediening: 8

Bestanddele:

- ½ koppie kakaopoeier, onversoet
- ¼ koppie onversoete donkersjokoladeskyfies
- 1 koppie roomkaas
- 2 groot eiers
- 3 eetlepels. klapperolie
- ½ tl sout
- ¾ koppie swaai

Aanwysings:

1. Meng roomkaas, eiers en klapperolie in 'n groot mengbak. Klits goed op medium spoed met 'n roeispaan aanhegsel tot glad. Voeg kakaopoeier, sout, opskep en donkersjokoladestukke by. Hou aan klits vir 2 minute, of totdat dit heeltemal ingewerk is.
2. Smeer 'n 7-duim-koekpan met 'n bietjie olie en voer met 'n bietjie perkamentpapier uit. Bestuif die papier met 'n bietjie kakaopoeier en gooi die beslag in. Maak die oppervlak glad met 'n kombuisspatel en bedek losweg met aluminiumfoelie.

3. Prop in jou kitspot en gooi 1 koppie water in. Plaas die stoomrak onder op die staalinsetsel en plaas die koekpan bo-op.
4. Maak die deksel toe en plaas die stoomuitlaat in die 'Seal' posisie. Kies die 'Handmatig'-modus en stel die timer vir 20 minute.
5. Wanneer jy die fornuis se finale sein hoor, laat die druk natuurlik vir 15 minute ontsnap. Maak die deksel oop en verwyder die pan versigtig.
6. Laat heeltemal afkoel en sny in 8 brownies.

Voedingswaardes per porsie:

Kalorieë 180

Totale vet 17.5g

Netto koolhidrate: 2,4 g

Proteïen 4,8 g

Vesel: 1,7g

Perskepastei

Voorbereidingstyd: 40 MIN

Bediening: 6

Bestanddele:

- 2 koppies amandelmeel
- 1 medium perske, in skywe gesny
- ¼ koppie frambose
- 4 groot eiers
- 6 eetlepels. botter
- 2 tl bakpoeier
- ½ tl sout
- ¼ koppie swaai
- ¼ tl vanielje-ekstrak
- 2 tl suurlemoenskil

Aanwysings:

1. Smeer 'n 7-duim-koekpan met olie en voer met 'n bietjie perkamentpapier uit. Sit eenkant.
2. Klits die eiers saam in 'n medium bak en draai dit om. Sit eenkant.
3. In 'n ander bak, kombineer alle ander droë bestanddele en meng goed. Gooi die eiermengsel stadig by terwyl jy aanhoudend roer, en voeg die oorblywende

bestanddele by. Plaas oor na 'n mengbak en klits op medium spoed vir 2 minute.

4. Gooi die mengsel in die voorbereide koekpan en skud 'n paar keer om die oppervlak plat te maak. Draai toe met bietjie aluminiumfoelie.

5. Prop in jou kitspot en gooi 1 koppie water in. Plaas die coaster op die onderkant van die vlekvrye staal-insetsel en plaas die toegedraaide pan bo-op. Maak die deksel toe en stel die stoomhendel in die 'Seal'-posisie.

6. Kies die 'Handmatig'-modus en stel die timer vir 25 minute.

7. Wanneer jy klaar is, voer 'n vinnige vrylating uit deur die drukklep na die 'Vent'-posisie te beweeg.

8. Maak die deksel oop en verwyder die pan. Verkoel heeltemal voor opdiening.

Voedingswaardes per porsie:

Kalorieë 221

Totale vet 19,4g

Netto koolhidrate: 4,4 g

Proteïen 6,6 g

Vesel: 1,8g

Amandel botter koekies

Voorbereidingstyd: 40 MIN

Bediening: 15

Bestanddele:

- 1 koppie amandelmeel
- ½ koppie klappermeel
- 3 eiers
- ¾ koppie klapperolie, gesmelt
- 3 eetlepels. Amandel botter
- ¼ koppie kakaopoeier, onversoet
- ½ koppie swaai
- ½ tl sout

Aanwysings:

1. Prop in jou kitspot en gooi 1 koppie water in. Plaas die coaster op die onderkant van die vlekvrye staal insetsel en sit eenkant.
2. Voer 'n ronde bakpan met bakpapier uit en hou eenkant.
3. In 'n groot mengbak, kombineer amandelmeel, klappermeel, kakaobotter, swaai en sout. Voeg eiers, klapperolie en amandelbotter by. Met 'n paddle-aanhegting daarop, klits goed op hoë spoed totdat dit heeltemal ingewerk is.

4. Skep 15 koekies uit en plaas in die voorbereide oondpan. Jy sal dit waarskynlik in verskeie bondels moet doen. Druk elke koekie liggies plat met die palm van jou hand en plaas in jou kitspan. Bedek met aluminiumfoelie.

5. Maak die deksel toe en verstel die stoomhendel. Druk die 'Manual'-knoppie en stel die timer vir 25 minute.

6. Wanneer dit gereed is, laat die druk natuurlik vir 15 minute los. Beweeg die drukhefboom na die 'Venting'-posisie om die oorblywende druk vry te laat.

7. Maak die deksel oop en verwyder die pan. Laat afkoel tot kamertemperatuur en sit dan die koekies oor na 'n draadrak om heeltemal af te koel.

Voedingswaardes per porsie:

Kaloriee 154

Totale vet 15,3g

Netto koolhidrate: 1,5 g

Proteïen 2,9 g

Vesel: 1,9 g

Mini Brownie Pasteie

Voorbereidingstyd: 25 MIN

Bediening: 4

Bestanddele:

- 1 koppie amandelmeel
- ½ koppie kakaopoeier, onversoet
- ¼ koppie swaai
- 4 eiers
- ¼ koppie onversoete donkersjokolade, in stukkies gesny
- 1 tl rum ekstrak
- ½ koppie klapperolie

Aanwysings:

1. Prop in jou kitspot en gooi 1 koppie water in. Plaas die coaster op die onderkant van die vlekvrye staal insetsel en sit eenkant.
2. In 'n groot mengbak, kombineer eiers, swaai, donkersjokoladeskyfies, rumekstrak en klapperolie. Meng goed tot lig en romerig. Sif amandelmeel en kakaopoeier oor die eiermengsel en meng weer goed.
3. Verdeel die mengsel oor 4 ramekins en draai styf toe in aluminiumfoelie. Plaas elke gereg op die koekie en maak die deksel toe.

4. Stel die stoomhendel in die 'Seal'-posisie. Druk die 'Manual'-knoppie en stel die timer vir 15 minute.

5. Wanneer dit klaar is, laat die druk natuurlik vir nog 15 minute los.

6. Maak die deksel oop en verwyder die ramekins versigtig met oondhandskoene. Plaas hulle op 'n draadrak en laat hulle heeltemal afkoel voor opdiening.

Voedingswaardes per porsie:

Kalorieë 404

Totale vet 39,1 g

Netto koolhidrate: 4,8 g

Proteïen 9,7 g

Vesel: 4,7g

www.ingramcontent.com/pod-product-compliance
Lightning Source LLC
Chambersburg PA
CBHW050346120526
44590CB00015B/1579